日本の神話

玉川学園こどもの本

平山忠義

玉川大学出版部

いなばの　白うさぎ

もくじ

海《うみ》さちひこ　山《やま》さちひこ

金《きん》のとび

装画・篠崎三朗
本文さし絵・輪島清隆
装幀・海野幸裕デザイン事務所

日本の神話

日本のはじめ

国《くに》つくり

むかしむかし、大むかし。高天《たかま》の原《はら》には、天《あめ》のみなかぬしの神《かみ》と　大ぜいの神《かみ》さまが　いらっしゃいました。

そのころは、天《てん》と地《ち》との　さかいめもなく、木も草《くさ》もなく、ただ、どろどろしたものが　ふわふわと　ただよっているばかりでした。

天《あめ》のみなかぬしの神《かみ》は、いざなぎのみこと　という　男の神《かみ》さまと、いざなみのみこと　という　女の神《かみ》さまとを　およびになって、

「この　ふわふわしているところを　かためて、りっぱな国《くに》を　つくりなさい。」

と　おっしゃり、一《ひと》ふりの　ほこを　くださいました。

ふたりの神《かみ》さまは、よろこ《喜》んで　出《で》かけました。

とちゅうに　天《あめ》のうき橋《はし》　という橋《はし》が、にじのように　空にかかって　ありました。

ふたりの神《かみ》さまは、その　にじの橋《はし》から　下を　のぞいて見ました。何《なに》も　見えません。どろどろしたものが　ふわふわと　ただよっているばかりでした。男神《おがみ》が、ほこの先《さき》で　かきまわしてみました。

「何《なに》か　ありますか。」

そばで　女神《めがみ》が　聞《き》きました。

「いや、何《なに》も　ないようだ。」

男神《おがみ》は　がっかりして、ほこを　引《ひ》き上《あ》げました。ほこの先《さき》から、ぽとりぽとりとしずくがおち《落》ました。すると、そのしずくが　かたまって、小さな　島《しま》ができました。

「これは　ふしぎだ。ほこのしずくが、ころころと　かたまって、島《しま》になった。」

「この島《しま》を　おのころ島《じま》と　名づけよう。」

ふたりの神《かみ》さまは、大よろこ《喜》びで　その島《しま》へ　おりて行《い》きました。そして、つぎつ

ぎに、あわじ島《しま》 いよの島《しま》（四国《しこく》） おきの島《しま》 つくしの島《しま》（九州《きゅうしゅう》） いきの島《しま》 つ島《しま》 さどの島《しま》、さいごに いちばん大きなやまとの島《しま》（本州《ほんしゅう》）と、あわせて 八つの島《しま》を つくりました。ですから、はじめは日本の国《くに》を 大八島国《おおやしまぐに》とよんでおりました。

さて、国《くに》ができあがったので、ふたりの神《かみ》さまは、つぎに、風《かぜ》の神《かみ》や山の神《かみ》、海《うみ》の神《かみ》や川の神《かみ》たち、そのほか たくさんの神々《かみがみ》を 生《う》みました。そして、おしまいに 火の神《かみ》を 生《う》みました。ところがたいへん。あばれ者《もの》の 火の神《かみ》は、い

きなり、お母《かあ》さんの女神《めがみ》に　大やけどをさせました。女神《めがみ》は、そのやけどのために
とうとう　死《し》んでしまいました。
男神《おがみ》は、おこって　つるぎをぬき、火の神《かみ》を　こなごなに　切《き》りました。火の神《かみ》は
四方《しほう》へ　とびちって、かくれてしまいました。
今《いま》でも、石や鉄《てつ》が　かちっと　ぶつかると、火花《ひばな》がちるのは、かくれた火の神《かみ》が
おどろいて　とび出《で》るからでしょう。空に　逃《に》げた　火の神《かみ》は、星《ほし》になって　光《ひか》って
いるのだそうです。

女神《めがみ》を　たずねて

死《し》んだ女神《めがみ》は、遠《とお》い遠《とお》い　よもつ国《くに》へ　行《い》ってしまいました。
男神《おがみ》は　ひとりで　こまりました。ひとりぼっちは　さびしいし、国《くに》つくりの仕事《しごと》
が　たくさんあって　いそがしいのに、大ぜいの子どもが　せわばかりかけるのです。

「そうだ。もう一度《ど》、女神《めがみ》に　帰《かえ》ってもらおう。」
男神《おがみ》は　出《で》かけました。ながいながい　道《みち》を歩《ある》いて、よもつ国《くに》に　つきました。よもつ国《くに》の　入り口の　石のとびらを　とんとん　たたいて、男神《おがみ》は　女神《めがみ》をよびました。
「女神《めがみ》よ、わたしだ。開《あ》けておくれ。」
女神《めがみ》は　おどろいて　こたえました。
「ここは、生《い》きているかたが　おいでになる国《くに》では　ありません。どうぞ、早く　お帰《かえ》りください。」
男神《おがみ》は　たのみました。
「やさしい女神《めがみ》よ、もう一度《ど》　帰《かえ》って、わたしといっしょに　はた《働》らいておくれ。わたしたち　ふたりでつくった国《くに》は、まだ、すっかり　できてはいない。わたしだけでは　ま《間》にあわぬ。どうか、もう一度《ど》　帰《かえ》っておくれ。」
女神《めがみ》は　かなしそうに　いいました。

「ああ、もっと　早く　むかえにきてくだされば　よかったのに。わたくしは、もう　帰《かえ》れません。わたくしは　よもつ国《くに》の食《た》べ物《もの》を　食《た》べてしまいました。ここの食《た》べ物《もの》を　食《た》べた者《もの》は、もう　ほかの国《くに》へは　行《い》かれません。」

「そんなこと　いわないで、どうか、わたしといっしょに　帰《かえ》っておくれ。たのむ。たのむ。」

女神《めがみ》は　きのどくそうに　いいました。

「それでは、ここの神《かみ》さまに　そうだん《相談》してみましょう。しばらく　おまち《待》ください。でも、わたくしが　ここに　もどるまで、けっして　なかへ　はいっては　いけませんよ。」

「わかった　わかった。早く　もどっておくれ。」

「いいですね。やくそく　まもってくださいね。」

女神《めがみ》は、なんども　ねん《念》をおして、おくへ　はいりました。

ところが、どうしたのでしょう。それっきり、女神《めがみ》は　出てきません。いくら　ま

っても　もどりません。男神《おがみ》は　まちくたびれました。女神《めがみ》は　もう　二度《ど》と　もどらないのかしら。男神《おがみ》は　心配《しんぱい》のあまり、さっきの　やくそくも　わすれました。

「ようし、女神《めがみ》のようすを　見に行《い》こう。」

なかは、まっくら《暗》な　ほらあなでした。男神《おがみ》は、頭《あたま》のくしいを　ぬきとって、それに　火をともしました。くしのたいまつで　あたりが　ぽっと　明《あか》るくなりました。そろり　そろりと　おくへ　進《すす》みました。おや、何《なに》かがあります。近《ちか》よって

見て　びっくりしました。

　きたなくなった女神《めがみ》が、たおれているのです。からだいっぱい　うじがわいた女神《めがみ》の、頭《あたま》にも　むね《胸》にも　手にも　足にも、おそろしい顔《かお》をした雷神《らいじん》が　乗《の》っかって、ぎょろぎょろ　こちらを　にらんでおります。

「あっ。」

　男神《おがみ》は　とびのきました。思《おも》わず、くしのたいまつを　手からお《落》としました。その音に　むっくり、女神《めがみ》が　起《お》きあがりました。

「あなたは、やくそくを　やぶりましたね。こんな　はずかしい　すがた《姿》を見られては、もう、わたくしは　帰《かえ》れません。いいえ、あなたも、ここから　お帰《かえ》しできません。」

　女神《めがみ》は、おそろしい声《こえ》で　さけびました。

「さあ　早く、みんなで　その神《かみ》を　つかまえておくれ。」

「おう、おう。」

くら《暗》いおくの方《ほう》から　返事《へんじ》が聞《き》こえて、あちこちから　おそろしい　しこ女《め》がとび出《だ》して、わっと　男神《おがみ》に　おそいかかりました。

くいしんぼうの　しこ女《め》

男神《おがみ》は、もときた道《みち》を　いちもくさんに　逃《に》げました。しこ女《め》が　わいわい　追《お》いかけてきます。男神《おがみ》は、いっしょうけんめい　走《はし》りましたが、しこ女《め》は、もっと早く走《はし》ります。男神《おがみ》は　だんだん　追《お》いつめられました。ああ、もうすぐ　男神《おがみ》は、追《お》いつかれます。

男神《おがみ》は、走《はし》りながら　かみ《髪》かざりをはずして、うしろに　ぱらりと　投《な》げました。すると、これは　ふしぎ。かみかざりは、するりんと　のびて、一本の　ぶどうの木になりました。おいしそうな　むらさき色《いろ》の　ぶどうが　たくさんなって、ゆうらりゆらゆら　ゆれています。

しこ女《め》どもは、ぶどうを見ると、われがちに　ぶどうをと《取》って　食《た》べはじめました。
男神《おがみ》は　それ　いま《今》だ、すたこらさっさ　逃《に》げました。でも、ぶどうを食《た》べおわったしこ女《め》どもは、また、追《お》いかけてきました。

男神《おがみ》は、こんどは　くしのは《歯》をかきとって、ばらばら　ばらっと　投《な》げました。くしのはがお《落》ちたところに、にょっき　にょきにょき、たけのこがはえました。くいしんぼうのしこ女《め》どもは、また、たけのこを食《た》べはじめました。

この　ありさまに　はらをたてた女神《めがみ》は、

「しこ女《め》は　だめだ。おまえたち　お行《い》き！」

と、雷神《らいじん》に　いいつけました。

「わっおう。」

女神《めがみ》のからだから　とびおりた　八《はち》ひきの雷神《らいじん》は、風《かぜ》のように早く、たちまち　男《お》神《がみ》に追《お》いつきました。男神《おがみ》は、つるぎをぬいて、うしろ手《で》に　ぴゅるるん、ぴゅるるん、ふりまわしながら　逃《に》げました。雷神《らいじん》も　うっかり　近《ちか》よれません。

雷神《らいじん》に追《お》われながらも　男神《おがみ》は　やっと、よもつひら坂《さか》に　たどりつきました。ここは、よもつ国《くに》の　はずれです。坂《さか》の下に　もも《桃》の木がありました。男神《おがみ》は、ももの実《み》を　三つ、雷神《らいじん》に投《な》げつけました。雷神《らいじん》は、ひめいをあげて　ちりぢりに　逃《に》げました。雷神《らいじん》は、ももの実《み》が　大きらいでした。

「ももの木よ、ありがとう。おまえは　これからのちも　人々を　たす《助》けておやり。」

男神《おがみ》は、ももの木に　お礼《れい》をいいました。ですから　いま《今》も、ももの実《み》は　ま《魔》よけになると　信《しん》じられているのです。

一日に　千五百人

しこ女《め》も　だめ。雷神《らいじん》も　だめ。男神《おがみ》をとらえることができません。女神《めがみ》は、たいそう　くやしがりました。しこ女《め》や雷神《らいじん》を　おしのけて、自分《じぶん》で　追《お》いかけてきました。よもつひら坂《さか》まで、ひといきに　かけつけました。

けれども、そのときは　もう　おそかったのです。よもつひら坂《さか》の出口《でぐち》を、男神《おがみ》が大きな岩《いわ》で　ふたをしたあとでした。おしても引《ひ》いても、大岩《おおいわ》は　びくともしません。

「この岩《いわ》を　のけてください。」

くるったように、女神《めがみ》は　岩《いわ》をたたいて　さけびました。男神《おがみ》は、だまって　こたえません。

「この岩《いわ》を　のけてくださらないと、あなたの国《くに》の人《ひと》を、一日に　千人《せんにん》ずつ、ころ《殺》してしまいますよ！」

女神《めがみ》は、くやしそうに　さけびました。

「よろしい。わたしの方《ほう》では、一日に　千五百人ずつ、生《う》むからへいき《平気》だ。」

男神《おがみ》は、おちついて　こたえました。

それからのち、女神《めがみ》は、病気《びょうき》や　けがをさせる　悪《わる》い神《かみ》を　使《つか》いによこして、この国《くに》の人《ひと》を　一日に千人《せんにん》ずつ、ころ《殺》しましたが、男神《おがみ》は、一日に千五百人ずつ、生《う》ませましたから、人間《にんげん》は　しだいに　多《おお》くなりました。

「ああ、きたない国《くに》だった。いそいで　からだを　清《きよ》めよう。」

きれいな川で、男神《おがみ》は　からだをあらいました。さらさら　さっぱり　からだがきれいになったとき、三人の　りっぱな神《かみ》さまが　生《う》まれました。

いちばん上の神《かみ》さまは、それはそれは　美《うつく》しい女神《めがみ》で、天《あま》てらすおおみ神《かみ》と　名づけられました。

「あなたは、太陽《たいよう》のように　かがやいているから　天《てん》にのぼって、高天《たかま》の原《はら》を　おさめなさい。」

と、男神《おがみ》は　いいました。

二番《ばん》めの神《かみ》さまは、おとなしい男神《おがみ》でした。

「おまえには、月《つき》よみのみこと　という　名をつけよう。夜《よる》の国《くに》を　まもりなさい。」

三番《ばん》めの神《かみ》さまは、元気《げんき》な男神《おがみ》でした。名は　すさのおのみこと　です。

「おまえは、元気者《げんきもの》だから、広《ひろ》びろとした　海《うみ》へ　行《い》くがいい。」

男神《おがみ》は、あたらしい　三人の神々《かみがみ》に　仕事《しごと》をまかせて、ほっと　なさいました。

天《あめ》の岩《いわ》屋《や》

なきくらす 神《かみ》さま

すさのおのみことは、おとなになって あごひげが むね《胸》まで たれるようになっても、こまったことに まいにち《毎日》、わあわあ な《泣》いてばかりいました。

姉《ねえ》さんの 天《あま》てらすおおみ神《かみ》は 高天《たかま》の原《はら》で、兄《にい》さんの 月《つき》よみのみことは 夜《よる》の国《くに》で、それぞれ、お父《とう》さんの いざなぎのみことの いいつけどおり、よくはたらいているのに、ほんとに こまった弟《おとうと》です。

「おまえは、早く 海《うみ》の国《くに》へ 行《い》きなさい。」

お父《とう》さんが いくら いっても、みことは、

「いやです。海《うみ》の国《くに》なんか いやです。」

と、足を　ばたら　ばたら、な《泣》きつづけます。

「では、どこへ　行《い》きたいのだ。」

「よもつ国《くに》へ　行《い》かせてください。わたくしは、お母《かあ》さんに　あいたいのです。」

よもつ国《くに》は、死《し》んだお母《かあ》さんが　いるところです。お父《とう》さんは、とんでもない、といった顔《かお》をして、ゆ《許》るしてくれません。

「あんなところへ　行《い》くものではない。」

「いいえ、行《い》かせてください。」

「わがままは　ゆるさん！」

「わああん、わああん。」

大男《おおおとこ》の　みことが、雷《かみなり》のような　大声《おおごえ》はりあげて　な《泣》きわめくので、大地《だいち》は　ぶるぶるふるえ、草木《くさき》も　かれてしまうほどです。さわぎに　つけこんで、悪者《わるもの》どももえへら　ぞろぞろ、出《で》て、さわぎます。

とうとう、お父《とう》さんは　はらをたてました。

「うるさい！　おまえのような　わからずやは、もう　ごめんだ。どこへでもかってに出《で》て行《い》くがいい。」

みことは、おゆるしが出たと　思《おも》ったのか、けろりん　なきやめて、

「では、姉《ねえ》さんに　おわかれしてきます。」

お父《とう》さんに、ひょこりと　おじぎして、出《で》かけました。姉《ねえ》さんのいる　高天《たかま》の原《はら》へ、どろろん、どろろん、のぼって行《い》きました。

ところが　ところが、大男《おおおとこ》のみことが力いっぱい　歩《ある》くものですから、あたりがぐらぐら　地《じ》しん《震》のように　ゆれます。

すごい足音《あしおと》が　高天《たかま》の原《はら》まで、ひびいてきました。

姉《ねえ》さんの　天《あま》てらすおおみ神《かみ》は、その足音《あしおと》を聞《き》いて、すわ一大事《いちだいじ》！

「あばれんぼうの　みことが、あんな　いきおいで　のぼって来《く》るのは、きっと、らんぼうしに来《く》るに　ちがいない。ぜったいに、ここに　入れてはならない。」

姉《ねえ》さんは、いそいで　いくさじたくをしました。かみを　男のように　むすび《結》なおし、うで《腕》やむね《胸》に　りっぱな玉《たま》かざりをつけ、せ《背》には　千本の矢《や》を　せおい、こし《腰》には　長《なが》い　つるぎ《剣》をさげました。そうして、強《つよ》い弓《ゆみ》を　つえにつき、足をふみしめむねをはって、みことの　近《ちか》づくのを　まち《待》うけました。

さてさて、どうなることでしょう。

いたずら者《もの》は　だれだ

すさのおのみことは、高天《たかま》の原《はら》について　びっくり。見れば、いくさじたくもりり

しい　姉《ねえ》さんが、大ぜいの　けらいをしたがえ、こわい目をして　にらんでいます。

「みこと、あなたは　何《なに》をしに　来《き》たのです！」

姉《ねえ》さんは、きつい声《こえ》で　いいました。

「あなたは、きっと、らんぼうしに　来《き》たのでしょう。この国《くに》をとりに　来《き》たのでしょう。いいえ、かくしても　わかっています。でも、らんぼうな　あなたに、この国《くに》をわたすことは　できません。さあ、早く　帰《かえ》りなさい。」

みことは、大きな目を　ぱちくり　させるばかり。姉《ねえ》さんの　きびしい声《こえ》がつづきます。

「わたくしを　ごらん。この弓《ゆみ》、この矢《や》、このつるぎ《剣》、らんぼう者《もの》を　うちこらすためのものですよ。」

みことは、あわてて　手をふりました。

「いいえ、ちがいます。ちがいます。わたしは、そんな　悪《わる》い心《こころ》で　来《き》たのではありません。わたしは、ただ、姉《ねえ》さんにおわかれに　来《き》ただけです。」

それでも、姉《ねえ》さんは　ゆだんしません。

「では、あなたの心《こころ》が　よいという　しるしを見せなさい。」

みことは、こし《腰》のつるぎ《剣》をはずして、姉《ねえ》さんに　わたしました。

姉《ねえ》さんは、そのつるぎを　三つにお《折》って、井《い》戸《ど》水《みず》で　さらさらさらと　すすぎ、かりかりっと　かみくだいて、ひゅうと　ふき《吹》出《だ》しました。すると、きらきら　かがやく　さぎりのなかから、三人の　美《うつく》しい女神《めがみ》が　あらわれました。平和《へいわ》な　みことの心《こころ》のあらわれです。

こんどは、みことが、姉《ねえ》さんの　美《うつく》しい玉《たま》かざりを　受《う》けと《取》りました。その玉《たま》かざりを　井《い》戸《ど》水《みず》で　さらさらさらと　すすぎ、かりかりっと　かみくだいて、ひゅうと　ふき《吹》出しました。すると、にじのような　さぎりのなかから、りりしい　五人の男神《おがみ》があらわれました。姉《ねえ》さんの　勇《いさ》ましい心《こころ》の　あらわれです。

姉《ねえ》さんは、はじめて　にっこり　わらいました。みことも　にっこり　わらいました。

みことは、お父《とう》さんに　しかられたことを　くわしく話《はな》しました。姉《ねえ》さんはやさしく、

「お母《かあ》さまの国《くに》へ　行《い》ったら、もう帰《かえ》ってこられないでしょう。しばらく、ここにいなさい。でも、らんぼうしては　いけませんよ。」

と、なぐさめてくれました。

みことは　高天《たかま》の原《はら》の　お客《きゃく》さまになりました。まいにち《毎日》、のんびり　遊《あそ》んでいました。

でも、元気《げんき》者《もの》のみことには、そんなくらしが　たいくつになって、いたずら

をするように　なりました。はじめは、小さないたずらでしたが、しまいには、大きな　らんぼうになりました。

春《はる》でした。ぴいちく、ひばりがさえずり、田んぼの種《たね》は　かわいらしい芽《め》を　出《だ》しました。

すると、だれでしょう。かわいらしい芽《め》の上に、どっさり　あたらしい種《たね》を　まいた者《もの》がおります。せっかく　出《で》た芽《め》は、あたらしい種《たね》に　おさえられて、のびることができません。

「だれだ。だれだ。いたずら者《もの》は　だれだ。」

しらべて《調》みると、それは　みことでした。

夏《なつ》になりました。げこげこ、かえるがないて《鳴》、水は　たっぷり。田んぼの　いね《稲》は　あおあおとのびました。

すると　いったい　だれでしょう。田んぼのあぜを　こわした者《もの》がおります。上の田んぼから　下の田んぼまで、あぜは　みんな　こわされました。水は　しゃらしゃ

ら　流《なが》れてしまい、田んぼは　どれも　かんからりん。いねは　いま《今》にも　かれそうです。

「だれだ。だれだ。いたずら者《もの》は　だれだ。」

こんども　みことの　いたずらでした。

秋《あき》です。どんどこ　どこどこ、きょうは　楽《たの》しい　豊年祭《ほうねんまつ》り。ごてんをきれいにそうじして、とれたお米《こめ》を　そなえました。

すると、まあまあ　だれでしょう。おそなえ物《もの》は　どんでん返《がえ》り、ごてんは、べたんこ、うんこで　よごされております。

「だれだ。だれだ。いたずら者《もの》は　だれだ。」

やっぱり、やっぱり、みことでした。みんなは　もう　かんかんになって、おおみ神《かみ》に　いいつけました。

「ほんとに　ひどいいたずらです。何《なに》もかも　めちゃめちゃです。どうか、うんとしかってください。」

「あんな　いたずら者《もの》は、早く　どこかへ　追《お》いやってください。」

みんな　口々《くちぐち》に　うった《訴》えます。

「弟《おとうと》が　みなさんに　ごめいわく《迷惑》かけて　すみません。」

姉《ねえ》さんは、すまなさそうに　わびました。

「でも、弟《おとうと》は　けっして、悪《わる》い心《こころ》で　したのではないと　思《おも》います。芽《め》の上に　種《たね》をまいたのは、たくさんまけば、たくさんとれると、考《かんが》えたからでしょう。あぜをこわしたのは、ひとつづきの　広《ひろ》い田んぼに、したかったのでしょう。ごてんを　あらしたのは、お祭《まつ》りのお酒《さけ》によって、自分《じぶん》でも知《し》らずに、したのでしょう。ですからどうか、ゆる《許》してやってくださいね。」

ほんとに、やさしい　姉《ねえ》さんです。

みことは、それを　いいことにして、こんどは、とんでもない　ひどい　いたずらをしてしまいました。

ある日のこと、みことは、大きな赤馬《あかうま》を　かるがると　さしあげて、のっし　のっしと、歩《ある》いてきました。力じまんが　したかったのでしょう。でも、いたずら者《もの》のみことには、だれも　相手《あいて》になってくれません。みことは、うろうろ　歩《ある》いていました。

そのとき、はた織《お》り場《ば》から、はた織《お》りひめたちの　きれいな歌声《うたごえ》が　聞《き》こえてきました。

からりんとんとん　からりんとんとん。せっせと　はたを織《お》りながら　歌《うた》う　ひめたちの　声《こえ》のよさ。みことは　ふっふと　わらいながら、はた織《お》り場《ば》に　近《ちか》よると、

「そうれ、ごほうびをやるぞっ。」

力いっぱい　赤馬《あかうま》を投《な》げこみました。

なんと　なんと　なんと　なんと、織《お》りひめたちの　おどろいたこと！　上を下への大さわぎ、あわてふためいて　にげるひょうしに、ひとりのひめは、はた織《お》り機《き》に　つきあたって　おなかの下に　大けがをしました。そのひめは、そのけががもとで、しくしく　死《し》んでしまいました。

あまりにひどい　らんぼうです。さすがの姉《ねえ》さんも　これには　がまんできません。みことをよんで　しかりつけました。

「もう、ゆる《許》せません！　あなたの顔《かお》を見るのも　いやです！」

姉《ねえ》さんは、天《あめ》の岩屋《いわや》へ　はいって、重《おも》い岩《いわ》の戸《と》を　がらがらぴったり、しめてしまいました。

姉《ねえ》さんの　天《あま》てらすおおみ神《かみ》は　日《ひ》の神《かみ》さまです。日《ひ》の神《かみ》が　天《あめ》の岩屋《いわや》に　かくれたので、世《よ》の中は　暗《くら》い　さびしい　夜《よる》になってしまいました。

力を　あわせて

天《あま》てらすおおみ神《かみ》が　岩戸《いわど》がくれを　されたので、高天《たかま》の原《はら》は、暗《くら》い夜《よる》がつづきます。きのうも　きょうも、つめたい　さびしい夜《よる》ばかりです。みんな　こまってしまいました。

よろこ《喜》んだのは、いじわる神《がみ》や　病気神《びょうきがみ》です。暗《くら》いので、だれにも見つかりません。物《もの》をこわしたり、ぬすんだり、えへら　へらへら　さわいだり、悪《わる》い病気《びょうき》も　はやらせました。

みんな　ほんとに　こまりました。

どうしたら　いいでしょう。なにか　よい考《かんが》えはないかしら。あちらから三人、こちらから五人。高天《たかま》の原《はら》の神《かみ》たちが　首《くび》をかしげて　集《あつ》まってきました。安《やす》の川原《かわら》に集《あつ》まって、まるく　わ《輪》になって　すわりました。

こんなとき、いつも、いいちえのうかぶのは、ちえのじいさん、思《おも》いかねの神《かみ》。きょうも　白いあごひげ　なでながら、自信《じしん》たっぷり、いい出《だ》しました。

「わしはな、よい　けいりゃくを　思《おも》いついた。さあさ　みなさん、もっと近《ちか》くによっておくれ。これは　ないしょの　そう《相》だん《談》じゃ。いじわる神《がみ》に　立ち聞《ぎ》かれ、じゃまをされては　ならんのじゃ。」

みんなが　おじいさんのまわりに　ひったり　集《あつ》まると、「ひそひそ、むにゃむにゃにや、な、いいな。」おじいさんは、よい　けいりゃくを　教《おし》えてくれました。

「これは、おもしろい。」

「それなら　大じょうぶ、うまくいくよ。」

みんな　きゅうに　元気《げんき》になって、すぐに　したくをはじめました。ばたらばたら、いそがしそうです。

ひとりの神《かみ》は、にわとりをたくさん　集《あつ》めてきました。ひとりは、こりこり　小石《こいし》をみがいて、つやつや美《うつく》しい　玉《たま》かざりを作《つく》りました。もうひとりは、ぴかぴか光《ひか》るかがみを仕上《しあ》げました。ほかのひとりは、えっさら、天《あめ》のかぐ山《やま》にのぼり《登》、えだ《枝》よくしげった　さかきを一本、根《ね》もとからぬいてきました。

さかきの、上のえだ《枝》には　玉《たま》かざり、中のえだ《枝》には　かがみ、下のえだ《枝》には　白いきれ　青いきれを　かけました。たなばたの　ささのように、ひらひらぴかぴか、きれいです。すっかり　したくができました。

岩屋《いわや》の前《まえ》で、かがり火《び》をたき、夜明《よあ》けのように、こけっこ　こけっこう　にわとりをな《鳴》かせながら、かちんこ　かちかち、ひょうし木《ぎ》をたたく者《もの》、ぴいん　ぴいん　弓《ゆみ》のつるをはじく者《もの》、みんな　手をうって　歌《うた》います。うずめのみこと　という、おふざけじょうずの女神《めがみ》が　音楽《おんがく》にあわせて　おどります。くずの葉《は》を　頭《あたま》にまきつけ、ささの葉《は》を　両手《りょうて》に持《も》って、さかさにふせた　おけの上で、ととんと　ととんと、足ぶみし、おちちもおへそも　まる出《だ》しでおどるのです。

その　かっこうの　おかしいこと。みんなは、もう　がまんができず、うはは　うはは、わらいました。

「なにごとかしら。」

岩屋《いわや》のなかで、おおみ神《かみ》は　ふしぎに思《おも》われました。外《そと》は　まっ暗《くら》で、みんなこま《困》っているはずなのに、あんなに　楽《たの》しげに歌《うた》うのは　なぜかしら。どんな、うれしいことがあるのかしら。

おおみ神《かみ》は、重《おも》い岩戸《いわと》を　すこし開《あ》けて、のぞいて見ました。みんな、楽《たの》しげに歌《うた》

って、ちっとも　こまったようすが　ありません。

「これ　これ。」

　おおみ神《かみ》は、おどっているうずめに声《こえ》をかけました。

「おまえたちは、なにが　そんなに　うれしいの。」

「はい　はい。」

　うずめは、おどりをやめずに　こたえました。

「うれしいことが　ございます。あなたのかわりに、りっぱな　あたらしい女神《めがみ》さまがいらっしゃいました。ほら、ほら

あれを　ごらんください。あのかたが　そうです。」

うずめは、岩屋《いわや》の入り口に立ててある　さかきの方《ほう》を　ゆび《指》さしました。

そちらを見ると、まあ　ふしぎ。さかきのえだ《枝》かげから、けだかい女神《めがみ》が　こちらを見ています。

さかきのえだ《枝》にかけた　かがみに、おおみ神《かみ》の顔《かお》がうつって、美《うつく》しい　白いきれ青いきれの着物《きもの》をきた　あたらしい女神《めがみ》に見えたのです。でも、おおみ神《かみ》には、それが　自分《じぶん》の顔《かお》とは　気《き》がつきません。どこの　どなたかと　思《おも》われました。もっとよく見ようと、戸口《とぐち》から　ひとあし《一足》　外《そと》へ　出《で》られました。

岩戸《いわと》のかげに、高天《たかま》の原一《はらいち》の　力持《も》ちの神《かみ》が、まち《待》かまえていて、力いっぱい　岩《いわ》戸《と》を引《ひ》き開《あ》け、

「どうぞ　こちらへ。」

と、手をひきました。

そのすきに、ほかの神《かみ》たちが、入り口に　太《ふと》い　しめなわをはりわたして、二度《ど》と

はいれないようにしました。

みんな　やんやら　やんやら、よろこび《喜》の声《こえ》をあげました。こけっこ　こけっこう、にわとりも　なき《鳴》ました。長《なが》い夜《よる》が明《あ》けたように、高天《たかま》の原《はら》は、また、明《あか》るい　あたたかい国《くに》に　なりました。

いじわる神《がみ》や　病気神《びょうきがみ》は、

「やんれ、はずかしや。逃《に》げろよ。逃《に》げろ。」

と、こそこそ　ひょろひょろ、逃《に》げました。

ちえのじいさん、思《おも》いかねの神《かみ》のけいりゃくは、大せい《成》こう《功》でした。

こんな　大さわぎの　もとはといえば、それは、すさのおのみことの　いたずらです。

みことは、みんなから　ばつを受《う》けました。ゆび《指》のつめを　はがされたり、ひげを一本一本　ぬかれたり、それはそれは　いたい《痛》ばつでした。けれども、あの　力じまんのみことが、いま《今》は　おとなしく　ばつを受《う》けました。なみだが出《で》るほどいたい《痛》のをじっとがまんのみことでした。

「みんな　わたしが　悪《わる》かったのです。みなさん　すみません。姉《ねえ》さん　すみません
でした。」

みことは、心《こころ》のなかで　おわびをいいながら、とぼろ　とぼとぼ、高天《たかま》の原《はら》から
出《で》て行《い》きました。ひとりぼっちで　歩《ある》いて行《い》きました。

みことは、どこへ行《い》くのでしょう。

八《や》またの　おろち

流《なが》れてきた　はし

いずもの国《くに》の　ひの川の川上《かわかみ》、とり《鳥》かみ《髪》というところを　ひとりの神《かみ》さまが　さびしそうに、とぼろ　とぼろ　歩《ある》いておりました。

だれでしょう。すさのおのみことです。みことは、らんぼうしすぎて、高天《たかま》の原《はら》を追《お》い出され、お母《かあ》さんのいる国《くに》をたずねて、ひとりぼっちで　歩《ある》いてきたのです。

みことは、つかれていました。どこかで　休《やす》みたいと思《おも》いましたが、あたりには家《いえ》らしいものも　見あたりません。ひっそりと　さびしいところです。おいしげった木々《きぎ》に　さらさら　風《かぜ》がな《鳴》るばかり。みことは、のども　かわいていましたので、流《なが》れの音をたよりに、川岸《かわぎし》へ　おりました。

みことが、水を　飲《の》もうとすると、川上《かわかみ》から、何《なに》か　流《なが》れてきました。はしです。人が、ごはんを食《た》べるときに使《つか》う　はしです。はしは、みことの目の前《まえ》を　ゆらら　ゆらら、流《なが》れてゆきます。みことは、なつかしそうに　そのはしを見ていましたが、ふと、気《き》がつきました。

「はしが　流《なが》れてくるなら、この　川上《かわかみ》には、だれか　人が住《す》んでいるにちがいない。よし。行《い》ってみよう。」

みことは、川にそって、ばさらばさら　草《くさ》やぶをふみわけて、のぼって行《い》きました。だれかにあ《会》えたら、もう　ひとりぼっちではありません。みことは、いつものような元気《げんき》な　みことになっていました。

しばらく行《い》くと、思《おも》ったとおり、小さな村がありました。村の　かしらの家《いえ》と思《おも》われる、いちばん大きな家《いえ》の前《まえ》に立って、みことは　声《こえ》をかけました。

「ごめんください。」

……。返事《へんじ》がありません。〈おや、るすかな〉みことは、がっかりしました。

すると、なかで　だれか　な《泣》いているらしく、しくしく　しくしく、なき声《ごえ》が　もれてきました。〈へんだなあ〉みことは、もう一度《ど》　大きな声《こえ》で　よんでみました。

「ごめんください。どなたか　いませんか。」

なき声《ごえ》が　やみました。はたりと、戸《と》が開《あ》きました。出《で》てきたのは、おじいさんです。ずっと、な《泣》いていたのか、目のふちが、赤くな《泣》きはれています。なみだの　つぶが、しわのほっぺたに　ついています。

みことは、しずかに　いいました。

「わたしは、旅《たび》の者《もの》だが、ちょっと、休《やす》ませてもらいたいと　思《おも》いましてね。」

おじいさんは、みことを　家《いえ》のなかへ　とおしました。

見ると、むこうのすみで、むすめが　ないております。むすめのかた《肩》に手をかけて、おばあさんも　ないております。みことは、やさしくたずねました。

「みんな、なぜ、そんなにないているのか。わたしに　できることなら、力になってあげよう。わけを　聞《き》かせておくれ。」

おじいさんは、のどを　ひっくり　ひっくり　させながら　いいました。
「はい。ありがとうございます。でも、あなたは、どなたでございましょうか。」
「わたしは、すさのおのみこと。天《あま》てらすおおみ神《かみ》の　弟《おとうと》だ。いま、高天《たかま》の原《はら》から
おりてきたところだ。」
「これは　これは。」
おじいさんは　手をついて、おじぎをしました。おばあさんも　むすめも　来《き》て、
おじぎしました。
「そのような　とうといかたとも　ぞんじませんで、ごぶれい《無礼》もうしました。どうぞ、
わけを　お聞《き》きください。はい　はい。わたくしは、足なずち　と、もうします。」
おじいさんが　いうと、おばあさんも、
「わたくしは、手なずち　と、もうします。これは、わたくしどもの　むすめで、く
しなだひめ　と、もうします。」
と、こたえました。

「な《泣》いていた　わけは。」

「はい。それが　かなしいことでございます。」

おじいさんは、あたらしいなみだを　ふきながら　いいました。

「こんばん、この　むすめが　こ《殺》ろされるのでございます。」

「なに、むすめが　ころされる。」

「はい。わたくしどもには、はじめ、むすめが　八人ございました。それが、毎年《まいとし》、ひとりずつ　ころされて、い《今》までは、このむすめひとりに　なりました。それが、こんばん　ころされるのでございます。」

「だれだ。そんな　ひどいことをするのは。わたしが、こらしめてやろう。相手《あいて》はだれだ。」

みことは、つ《剣》るぎの　つかをたたいて　いいました。

さて、さて、このあと、どうなりますか。

おろち　たいじ

すさのおのみことは、おじいさんの　あわれな話《はなし》を聞《き》いて、〈よし、おれが　このおじいさんのむすめの　かたきうちをしてやろう〉と、思《おも》いました。

「ひどい　やつだ。相手《あいて》は　だれだ。」

「はい。相手《あいて》は　人間《にんげん》ではございません。この山のむこうに　住《す》んでいる、八《や》またのおろちという　大きな　へびでございます。」

「なあんだ、へびか。」

みことは、つまらなさそうに　いいました。

「へびと　もうしましても、それはそれは、おそろしい　かいぶつ《怪物》でございます。」

おじいさんは、あわわ　あわわ、ふるえながら話《はな》しました。

「そいつは、この世《よ》に　またとはいない、おそろしい　かいぶつです。どう体《たい》は　一

つですが、頭《あたま》が八つ、尾《お》が八つ。長《なが》さは、八つの山、八つの谷《たに》に　またがるほども
ありまして、大きな　ほおずきのような赤い目が、ぎらん　ぎらん　かがやいて
おります。その目に、にらまれただけで、牛《うし》でも　くま《熊》でも　いすくんで　動《うご》けなく
なってしまいます。あな、おそろしやな。」

おじいさんの話《はなし》は　ものすごいものです。ですが、みことはへいき《平気》です。

「よしよし。わかった。相手《あいて》が　どんな　おそろしい　かいぶつ《怪物》でも、そんな　悪《わる》い
やつは、ゆる《許》しておけない。わたしが、たいじてやるから、安心《あんしん》しなさい。」

みことは、おじいさんをはじめ、村の者《もの》にてつだ《手伝》わせて、おろちたいじの　したく
をはじめました。

まず、門《もん》を八つ、作《つく》りました。その門《もん》のなかに、さじきを八つ、作《つく》りました。さじ
きには、一つずつ、大きな酒《さけ》がめを　のせました。かめには　こぼれるほど　なみな
みと、強《つよ》い酒《さけ》を入れました。

「これで　よろしい。おまえたちは、遠《とお》くに　かくれて　いなさい。」

みことは、おじいさんたちを　ものかげに　かくれさせました。そして、むすめに　ふっと、いきを吹《ふ》きかけ、一本のくしにして、自分《じぶん》のかみに　さしました。

「さあ、いつでも　来《こ》い。」

みことは、家《いえ》のかげから、じっと、ようすを見ていました。

ぐららん　ごうごう、ぐららん　ごうごう。地《じ》ひびきが　近《ちか》づいてきました。あたりが　きゅうに　うす暗《ぐら》くなりました。見あげると、空には、黒雲《くろくも》が　うずまいて、どろろん　ひかひか　いなびかりです。なまぐさい風《かぜ》が　ごおおん　ごおおん　ふいて、家《いえ》の屋根《やね》も　ふきとばされそうです。八《や》またの　おろちが　やってきたのです。

すごい　かいぶつです。おろちは、八つの山、八つの谷《たに》をゆるがせてくるので、まるで、山がおしよせてくるようです。おろちは、まっかな目を　ぎららん　ぎららん　かがやかせ、火のような　べろを　めらめらはいて、八つの門《もん》から　はいってきました。さじきの上の酒《さけ》がめを見つけました。

おろちは、酒《さけ》が　大すきです。八つの首《くび》を　八つの酒《さけ》がめに　つっこんで、がぶら

こ　がぶらこ、飲《の》みはじめました。見るまに　みんな　飲《の》んでしまいました。強《つよ》い
強《つよ》い酒《さけ》でしたから、おろちは　よっぱらって、ぐったりと　ねてしまいました。

みことは、つるぎを　ぬいて　かけよりました。

「えいーっ。」

おろちの首《くび》が　一つ　どさりと　お落ちました。

「ぐわおうっ。」

七つの首《くび》が　目をさまして、みことに　おそいかかりましたが、酒《さけ》に　よっている
ので　ふらついています。みことは、とぱっと　とびのきざま、

「やあーっ。」

また　一つ、おろちの首《くび》を　切《き》りお落としました。

「ぎゃおおん、ぎゃおおん。」

おろちは、あれくるいますが、首《くび》が　一つずつ、門《もん》にはいっているので、思《おも》うよう
に　動《うご》けません。みことは、自由《じゆう》に　かけまわって　たたかいます。

「とおーっ。」

三つめの首《くび》が　飛《と》びました。

「えいっ、やっ、とおっ、とおーっ。」

　とうとう、八つの首《くび》は　みんな　うちおとされてしまいました。

　つぎは、どう体《たい》です。どう体《たい》も　ずたずたに　切《き》ってしまいました。

　おしまいに、しっぽを切《き》っていると、かちりん、へんな音がして、みことのつるぎのは《刃》が、すこし　かけました。ふしぎに思《おも》って、そのしっぽを　さいて見ますと、きらきら光《ひか》る　りっぱな　つるぎが　一《ひと》ふり、出てきました。

「こんな りっぱなつるぎを、わたしが持《も》つのは もったいない。これは、姉《ねえ》さんに
さしあげよう。」

みことは、その つるぎに、天《あめ》のむらくものつるぎ という 名をつけて、高天《たかま》の原《はら》の 天《あま》てらすおおみ神《かみ》に おくりました。

おろちが 死《し》んだので、みことは、かみ《髪》にさしていた くしをぬいて、ふっと いきをふき《吹》かけました。くしは、もとどおり、美《うつく》しい くしなだひめに なりました。

「ありがとうございました。これで、七人の むすめのかたきが うてました。」

おじいさんと おばあさんは うれしそうに、なんども お礼《れい》をいいました。

くしなだひめは、みことの およめさんになりました。みことは、よろこ《喜》んで、いずもの国《くに》の すが（須賀）というところに、あたらしい ごてんを 建《た》てました。すがすがしくて 気持《きも》ちのよいところです。

大よろこ《喜》びの みことは、いい声《こえ》で 歌《うた》いました。

ああ 雲《くも》よ、いずもの雲《くも》よ、

つまと住《す》む　わたしの家《いえ》の
かきねと　なれよ。
（八雲《やくも》たつ　出雲《いずも》八重垣《やえがき》
妻《つま》ごみに　八重垣《やえがき》つくる　その八重垣《やえがき》を）

この歌《うた》が、日本の歌《うた》の　はじめ　といわれます。
おじいさんも　おばあさんも、あたらしいごてんに　よんで、みんなで楽《たの》しくくらしました。

いなばの　白うさぎ

ふくろを　かついだ　神《かみ》さま

ざくりこ、ざくりこ。

いなばの国《くに》の海岸《かいがん》の　広《ひろ》い広《ひろ》い　すなはまを、大きなふくろをかついで、おおくにぬしのみことが　歩《ある》いて　来《き》ました。

ざくりこ、ざくりこ。

すなはまは　歩《ある》きにくいし、ふくろは　重《おも》いし、みことは　たいそう　つかれていました。なぜ、こんな大きなふくろを、かついで、歩《ある》いているのでしょう。

みことは、きょう、大ぜいの　兄《にい》さんたちの　おともをして、おとなりのいずもの国《くに》から　歩《ある》いて　来《き》たのです。

兄《にい》さんたちは、そろいもそろって、いじ悪《わる》でした。つらいことは、みんな、末《すえ》っ子《こ》の　みことに　させました。

「出《で》かけるよ。したくをたのむ。」

「おれの荷物《にもつ》を　かついでおくれ。」

「おれのも、ついでに　たのんだよ。」

あの　兄《にい》さんも、この　兄《にい》さんも、重《おも》い荷物《にもつ》は、ぜんぶ　みことに　かつがせて、自分《じぶん》たちは　手ぶらで、のんきに　歌《うた》をうたいながら、さっさ　すたこら、さきに出《で》かけてしまいました。

いなばの国《くに》の　やがみひめは、花さくような　おひめさま。だれもが　およめにほしいひめでした。兄《にい》さんたちは、そのひめを　およめさんにしたいと、そろってみんな、出《で》かけて行《い》ったのです。やさしい、はたらき者《もの》の　みことは、兄《にい》さんたちの荷物《にもつ》のはいった、重《おも》い　大きな　ふくろをかつぎ、ちっとも　いやな顔《かお》もせず、おともについてきたのです。

荷物《にもつ》が重《おも》いので、みことは、だんだん　おくれました。とうとう、ひとりぼっちになりました。

ざくりこ、ざくりこ。

歩《ある》きにくい　すなはまです。とろろ　ぽと、ぽと、あせが　お《落》ちます。

「どっこい　こらしょ。ここらで　ちょいと、ひと休《やす》みしよう。」

みことは、足をとめました。すると、しっくり　しっくり、しゃくりな《泣》きの声《こえ》がします。

「おや、だれだろう。」

見ると、すな山のかげで、うさぎが　一ぴき、むこうをむ《向》いて　な《泣》いております。

皮《かわ》をむかれて、赤《あか》はだかの　うさぎです。

「これ　これ、うさぎよ、どうしたの。」

「はい。ひどいめに　あいました。でも、もともと　わたくしが、悪《わる》かったのです。」

うさぎは、な《泣》きはらした　赤い目で、みことを見上げて、はずかしそうにこたえま

した。
「なにが　悪《わる》かったの。こんなにしたのは　いったい　だれ？　さあ、くわしく話《はな》してみなさい。わたしが、いいぐあいに　してあげるから。」
みことは、やさしく　たずねました。
うさぎは、こっくり、話《はな》しはじめました。

なかま　くらべ

この　うさぎは、はじめ、おきの島《しま》に住《す》んでいました。おきの島《しま》は、この　い

なばの国《くに》の海岸《かいがん》の　むこうに見える　小さな島《しま》です。

うさぎは、小さな島《しま》に住《す》んでいるのが、いやになりました。小さな島《しま》では、遊《あそ》び場《ば》もせまいし、なかま《仲間》もすくなく、ちっとも　おもしろくありません。

海《うみ》のむこうの　いなばの国《くに》は、広《ひろ》びろしていて、おもしろいことや　めずらしいことが、たくさん　ありそうです。きっと、なかまも　たくさん、いることでしょう。

「いなばの国《くに》へ　行《い》きたいわ。広《ひろ》い国《くに》へ行《い》きたいわ。」

島《しま》の　海《うみ》べから、海《うみ》のむこうを見わたして、うさぎは、ひとりごとを　いいました。

青い海《うみ》は、広《ひろ》びろつづいて、きょうは、波《なみ》も　しずかです。白い　かもめが、ひらり　すいすい、飛《と》んでいます。

「かもめに　なりたいわ。海《うみ》の上でも、飛《と》んで行《い》けるしね。魚《うお》でもいいわ。泳《およ》いでわたれるものね。」

でも、うさぎは、空を飛《と》ぶことも　海《うみ》を泳《およ》ぐことも　できません。うさぎは、くやしく、かなしくなりました。すると、そのとき、

「うさぎさん。なにを　ぼんやりしてるんだい。」

と、声《こえ》をかけたものがあります。見ると、一ぴきの　さめでした。

さめは、海《うみ》から　いたずらっ子らしい　顔《かお》を出《だ》して、からかうように　いいました。

「うさぎさん、ひとりぼっちで　さびしいかい。」

「ええ……」

うさぎは、元気《げんき》のない　返事《へんじ》をしかけて、ふいと、ずるいことを　考《かんが》えつきました。

それで、きゅうに　元気《げんき》らしい声《こえ》で、こたえました。

「あら、さびしいなんて、あべこべよ。わたしは、大ぜいのなかま《仲間》が、あんまり　うるさいので、ちょいと、ぬけ出《だ》してきたところよ。」

「ほんとうかい。それにしちゃ、さえない顔《かお》つきだぜ。」

「ほんとうだわよ。さめさん、あんたこそ、ひとりぼっちじゃないの。なんだか、おきのどくね。」

すると、気《き》のいいさめは、むきになって、いいかえしました。

「おいらが、ひとりぼっちだなんて、とんでもない。おいらのなかま《仲間》は、海《うみ》のなかに数《かぞ》えきれないくらい　いるんだぜ。」

うさぎは、心《こころ》で　ふふふと　わらいながらも、そしらぬ顔《かお》で、いいました。

「じゃ、さめさん。あんたのなかまと、わたしのなかまと、どっちが多《おお》いか、くらべっこ　しましょ。」

「いいとも。負《ま》けるもんか。じゃ、さっそく、おいらのなかまを　よんでくるぜ。」

さめは、いうが早いか、ずぶりんこ、波《なみ》の下へ　もぐって行《い》きました。うさぎは、ふふふと　わらっておりました。

　くさめを　一つ　するひまに、さめは、もう　なかまを集《あつ》めてきました。まあまあ、その数《かず》の多《おお》いこと。そこらいちめん、さめのなかまで　うずまってしまいました。

うさぎは、心《こころ》で　びっくりしながらも、やっぱり　そしらぬ顔《かお》で　いいました。

「たいしたこと　ないみたいね。でも、さめさん、そんなに　ごちゃごちゃ　集《あつ》まっては、なんびきいるのか、数《かぞ》えられないわ。ならんでみてよ、一列《いちれつ》に。ここから、む

こうの　いなばの国《くに》の海岸《かいがん》まで、ずっと、一列《いちれつ》にならんでちょうだい。そしたら、わたしが　その上を　とびながら数《かぞ》えてみるわ。」

気《き》のいい　さめたちは、ずっと、一列《いちれつ》にならびました。おきの島《しま》から　いなばの海岸《かいがん》まで、さめの橋《はし》が　できました。

「ひい　ふう　みい　よう……」

ぴょん　ぴょん、ぴょこ　ぴょこ……。うさぎは、さめの　せ《背》を　とんで行《い》きました。

行《い》きたい、行《い》きたいと、思《おも》っていたいなばの国《くに》は、もう　目の前《まえ》です。うさ

ぎは　うれしく　なりました。うまく　だまされた　さめが　おかしくて、ふき《吹》出《だ》したく
なりました。もう　ひととびで　いなばの　海岸《かいがん》に　つくと　いうとき、うさぎは　たまらず、おっほほ　ほっほっ、わらいながら　いいました。

「まぬけの　さめさん。うまく　だまされたわね。わたしは、こちらへ　わたってきたかったのさ。なかま《仲間》くらべなんて　うそなのさ。おっほほ　ほっほっ。」

ところが　たいへん。さめたちは　がばりと　おこって、いちばんおしまいのさめが、ばっさり、うさぎを　つかまえました。さめたちは、よってたかって、ばりりばりりうさぎの毛《け》を、むしりと《取》って　しまいました。

「いた《痛》いわ、うええん。」

赤《あか》はだかにされて、うさぎは　な《泣》いておりました。

がまの　ほわた

「うええん、おんおん。」

うさぎが　な《泣》いていると、そこへ、歌《うた》をうたいながら、大ぜいの　神々《かみがみ》が　とお《通》りかかりました。あの　いじわるぞろいの、兄《にい》さん神《がみ》たちでした。

「やあ、うさぎが　はだかで　ないているぞ。」

ひとりが、うさぎを見つけました。

「おもしろいな。毛《け》が一本もないよ。」

「はだかで、さぞ、すずしいだろうぜ。」

わいわい、がやがや、おもしろがっています。そのうち、ひとりが、まじめな顔《かお》を作《つく》って、いいました。

「これよ、はだかの　うさぎっこ。おれが、いいこと　教《おし》えてやろう。あのな、そこ

の　海《うみ》の　しお水あびて、すなの上で　風《かぜ》に　さらさら　ふ《吹》かれていると、きっと、らくになるだろう。」

それを　まにうけた　うさぎは、いそいで　そのとおりにしてみました。さあさあ　たいへん。しお水は、しみしみ　きずに　しみわたり、風《かぜ》にかわくと、皮《かわ》が　ひりひり　ひきつって、い《痛》たさは　はげしくなるばかり。

「わっはは、はっは。ばかな　うさぎだよ。」

兄《にい》さん神《がみ》たちは、わらわら　行《い》ってしまいました。

いいめをだましたうさぎは、こんどは、いじ悪神《わるがみ》たちに　だまされたのです。

〈人《ひと》をだますなんて、ほんとに　よくなかったわ〉うさぎが　こうかいしながら、しっくり　しっくり、な《泣》いているところに、大きな　ふくろをかついだ　みことが　とおりかかったのでした。

うさぎの話《はなし》は、おわりました。

「もともと、わたしが、悪《わる》かったのですから。」

うさぎは、しょぼ　しょぼ、いいました。
「なるほどね。だけど、悪《わる》いと、気《き》づいたのは　いいことだ。そんな、ずるは、もう
二度《ど》と　しないことだね。」
「はい。もう、こりました。」
「よしよし。それでは、きずのてあてを　教《おし》えてあげよう。ほら、あの　きれいな川
で　体《からだ》をあらい、川岸《かわぎし》に　はえている　がまのほわたを　しきならべ、それにくるま
って、ねてごらん。きっと、もとどおり　よくなるよ。」
うさぎが、いわれたとおり　してみたら、ほんとうに　よくなりました。もとの
白うさぎに　もどりました。
「ありがとうございました。あなたは、ほんとに　すてきです。いまは、重《おも》い　大き
なふくろをかついで、兄《にい》さんたちの、おともをなさって　おいでですが、あの　美《うつく》し
いやがみひめは、きっと　あなたを　えらぶでしょう。」
うさぎは、ふしぎなことばを　あとにのこして、ぴょんこ、ぴょんこ、はねながら、

見えなくなってしまいました。

うさぎの　ことばのとおりになりました。花さくような　やがみひめは、どの兄《にい》さんの　ことばもきかず、みことのおよめに、なりました。そろいも　そろって　やがみひめに、けちょん　けちょんに　きらわれて、兄《にい》さんたちは、きりきりきりきりと、くやしがりました。

「みことがいるから、おれたちが、あんなに　すっぱり、きらわれるのだ。」

「みことなんか、ころ《殺》してしまえ。」

つぎからつぎと、悪《わる》だくみをしましたが、みことを　ころすことは、できません。心《こころ》の正しい　みことには、ご先祖《せんぞ》さまの、すさのおのみことを　はじめとし、動物《どうぶつ》たちまで、たくさんの　みかたがあったのです。

そして、とうとう、みことが　この国《くに》を　おさめることになりました。やさしい心《こころ》の　みことのもとで、この国《くに》の人々は、しあわせにくらして、おりました。

国《くに》ゆずり

帰《かえ》らない　お使《つか》い

高天《たかま》の原《はら》の　安《やす》の川原《かわら》に、大ぜいの神《かみ》さまが　集《あつ》まって、むずかしい　そうだんが《相談》つづいています。

いま《今》、おおくにぬしのみことが、おさめている国《くに》を、かえしてもらう　そうだんです。

この国《くに》は、もともと、高天《たかま》の原《はら》から　出《で》かけて行《い》った　いざなぎのみこと　と、いざなみのみことが、おつくりになった国《くに》だから、高天《たかま》の原《はら》に　かえしてくれるよう、おおくにぬしのみことに、そのわけを話《はな》しに行《い》く　お使《つか》いを出《だ》すことにきまりました。

「だいじな、むずかしい　お使《つか》いです。だれを　やったら　よいでしょう。」

天《あま》てらすおおみ神《かみ》が　いわれました。

ちえのじいさん、思《おも》いかねの神《かみ》が、こたえました。

「天《あめ》のほひの神《かみ》が　よいでしょう。考《かんが》えぶかい、かしこい神《かみ》ですから。」

さいしょの　お使《つか》いに、ほひの神《かみ》が　えらばれました。

「では、行《い》ってまいります。」

ほひの神《かみ》は、さっそく　出《で》かけました。ところが、どうでしょう。三年すぎても帰《かえ》りません。それもそのはず、この国《くに》のくらしが楽《たの》しいものですから、ほひの神《かみ》は、すっかり　いい気《き》になって　遊《あそ》んでばかり。お使《つか》いは、とんと、わすれていたのです。

高天《たかま》の原《はら》では、こまってしまい、また、そうだん《相談》を　はじめました。

「もっと、しっかりした　使《つか》いをやって、きっちり　話《はなし》を　させましょう。」

「それでは、天《あめ》のわかひこを　行《い》かせよう。」

「それがいい。それがいい。わかひこは、しっかり者《もの》の　わか者《もの》だ。」

二度《ど》めの　お使《つか》いに、わかひこが　行《い》くことに　きまりました。

天《あま》てらすおおみ神《かみ》は、わかひこをよんで、いわれました。

「この弓《ゆみ》は、天《あめ》のまかご弓《ゆみ》という　強《つよ》い弓《ゆみ》です。この矢《や》は、天《あめ》のはは矢《や》というするどい矢《や》です。もしも、悪者《わるもの》が　じゃまをしたら、この弓《ゆみ》と矢《や》で　うちこらし、りっぱに　お使《つか》いをしておいで。」

「はい。きっと、お役目《やくめ》　はたして　まいります。」

わかひこは、たから《宝》の弓矢《ゆみや》をいただいて、勇気《ゆうき》りんりん　出《で》かけました。

「こんどは、だいじょうぶだろう。」

大ぜいの神《かみ》さまが、わかひこの　うし

ろすがた《姿》を　見送《みおく》りました。

ところが　ところが、どうでしょう。三年たっても、五年たっても、わかひこはもどってまいりません。とうとう、八年、たちましたが、わかひこからは、なんの知《し》らせもありません。

「いったい、どうしたのでしょう。」

「とちゅうで、悪者《わるもの》に　ころ《殺》されたのかな。」

「だれか、ようすを　見に行《い》かせよう。」

三度《ど》めの　お使《つか》いには、きじの　鳴女《なきめ》が　行《い》くことになりました。

高天《たかま》の原《はら》から　この国《くに》へ、きじの　お使《つか》いが、飛《と》んできました。

血《ち》にぬれた　矢《や》

きじの　鳴女《なきめ》は、来《き》てみて　おどろきました。わかひこは、したてるひめ　という、おおくにぬしのみことの　おひめさまを、およめに　もらって、りっぱな　ごてんで、のんびり　くらしているのです。お使《つか》いのことなど、ころりと　わすれているようすです。

わかひこの　ごてんのそばに、一本の　大きな　かつらの木が　ありました。きじの鳴女《なきめ》は、そのかつらの　高《たか》いこずえにとまって、けんけん、いけーん、いけーんと、な《鳴》きました。な《鳴》きながらこういったのです。

「わかひこ、わかひこ。だいじな　お使《つか》い、どうしたの。あなたは、おおみ神《かみ》の、あの　おいいつけを　わすれたの。お使《つか》い　なまけては　いけません。わかひこ、わかひこ、いけません。」

わかひこの　めしつかいで、鳥《とり》のことばのわかる　さぐめが、これを聞《き》きつけ、すぐに、わかひこに　知《し》らせました。

「ご門《もん》の、かつらのえ《枝》だで、きじが　いやな声《こえ》で、な《鳴》いております。ご主人《しゅじん》さまのわるくち　いって、な《鳴》いております。」

「ぶれい《無礼》な　きじだ。すぐに　いころしてやろう。」

わかひこは、おおみ神《かみ》からいただいた　まかご弓《ゆみ》と、はは矢《や》を持《も》って、庭《にわ》に出《で》ました。力いっぱい　弓《ゆみ》をしぼって、きじのむね《胸》に　ねらいを　つけました。

ぴゅーっ。矢《や》はいきおいよく　飛《と》んでいきました。

いけけーん。かなしそうな声《こえ》をのこして、ばさりと、きじは　かつらの木の下におち《落》ました。

きじを　いぬいた矢《や》は、おそろしい　いきおいで、ぴゅるるーんと　うなりながら、空高《たか》く　飛《と》んでいきました。雲《くも》をつきぬけて、高天《たかま》の原《はら》まで、飛《と》んでいきました。

安《やす》の川原《かわら》に、集《あつ》まっていた神《かみ》さまたちの　まんなかに、矢《や》がおち《落》ました。

神《かみ》さまたちは、おどろきました。

「やっ、これは　天《あめ》のはは矢《や》だ。わかひこが、いはなしたのに　ちがいない。」

「血《ち》が　ついている。なにか　悪《わる》いことが　あったのだろうか。」

「わかひこは、悪者《わるもの》と　たたかっているのでしょうか。」

神《かみ》さまたちも　大さわぎです。

ひとりの神《かみ》さまは、その　血《ち》にぬれた矢《や》を、じっと見つめて　いましたが、

「もし、わかひこが　悪者《わるもの》とたたかって　いはなした矢《や》なら、矢《や》よ、わかひこに　あたるな。また、もし、わかひこに　悪《わる》い心《こころ》があるならば、矢《や》よ、わかひこに　あたれ。」

と、いって、さっき、矢《や》が　つきぬけてきた　あなから、力いっぱい、矢《や》を　つきかえしました。

矢《や》は、ぴゅるるーんと　うなりながら、飛《と》んでいきました。この国《くに》まで、飛《と》んできました。そして、ごてんで朝《あさ》ねしていた　わかひこのむね《胸》に、ふつりと　あたりました。わかひこは、声《こえ》もたてず、かっくり　死《し》にました。

ふたりの　お使《つか》い

高天《たかま》の原《はら》では、四度《ど》めのお使《つか》いをきめる　そう《相》だん《談》が　はじまりました。

「ちえが　あるだけでは　だめだ。」

「力が　あっても、ひとりは　だめだ。」

「ちえがあって、力も強《つよ》い者《もの》を　ふたり　行《い》かせよう。」

「それなら、わたしたちに　行《い》かせてください。」

たけみかずちの神《かみ》　と　とりふねの神《かみ》とが、すっく、すっくと、立ちあがりました。

ふたりは、高天《たかま》の原《はら》で、一二《いちに》をあらそ《争》う　強《つよ》い神々《かみがみ》です。

「よろしい。きまった。」

ふたりの神《かみ》は、いなびかりのように　いっきに　飛《と》びくだり、いずもの国《くに》の　いなさのはまべに　つきました。

ふたりの神《かみ》は、長《なが》いつるぎをぬきはなち、きっ先《さき》を上にして　白波《しらなみ》の上に立てならべ、その前《まえ》に　あぐらぐみして、どでんと　すわりました。そして、おおくにぬしのみことに　いいました。

「われわれは、天《あま》てらすおおみ神《かみ》の　お使《つか》いとしてまいった者《もの》です。この国《くに》は、おお

み神《かみ》の　み子《こ》が、おさめるべき国《くに》です。どうですか、高天《たかま》の原《はら》に　かえしてくれますか。それとも　いやですか。」

　おおくにぬしのみことは、おちついて　こたえました。

「わたしは、もう　年《とし》よりに　なりました。むすこの　ことしろぬしの神《かみ》が、なんといいますか。むすこに　おたずねください。」

「ことしろぬしの神《かみ》は、どこに　いますか。」

「みほのみさきに、りょうに　出《で》かけております。」

　とりふねの神《かみ》が　すぐに　みほのみさきへ行《い》って、ことしろぬしの神《かみ》を　よんできました。

　ことしろぬしの神《かみ》は、

「わかりました。この国《くに》は、おおみ神《かみ》の　み子《こ》に　さしあげましょう。」

と、こたえると、手を　ぽぽぽんと、うちなら《鳴》しました。そして、乗《の》ってきた舟《ふね》にかた足をかけて、ぐぶら　ぐぶら　ふみかたむけました。舟《ふね》は　横《よこ》だおしになり、見

るまに、青《あお》い　かきねに　なりました。

ことしろぬしの神《かみ》は、その　青いかきねのなかに、ずぶりと　すがた《姿》をけしました。

力くらべ

たけみかずちの神《かみ》は、おおくにぬしのみことにいいました。

「ことしろぬしの神《かみ》のほかに、まだ、意《い》見《けん》を聞《き》かねばならない神《かみ》が、いますか。」

「はい。もうひとりおります。ことしろぬしの　弟《おとうと》で、たけみなかたの神《かみ》　といいます。その子が　さんせいすれば、もう　安心《あんしん》です。でも、その子は、力じまんの神《かみ》ですから、なんと、いいますことやら……」と、おおくにぬしのみことが　こたえているとき、ずどどん　ずどどん、地《じ》ひびきをたてながら、むこうから、その　たけみなかたの神《かみ》が　やってきました。

たけみなかたの神《かみ》は、千人もかからねば　持《も》ち上げられないような　大岩《おおいわ》を、頭《あたま》の上にさしあげて、近《ちか》づいてきました。そして、おそろしい声《こえ》で　どなりました。

「わしの国《くに》に来《き》て、ぼそら声《ごえ》で、うじうじと、ないしょ話《ばなし》しているのは、どこの　だれだっ。」

たけみかずちの神《かみ》も　負《ま》けずに　いいかえしました。

「天《あま》てらすおおみ神《かみ》のお使《つか》いにきた　たけみかずちだ。この国《くに》を　かえすか、どうだ。」

「はっはっは。つまらぬことを　いわないで、とっとと　帰《かえ》れ。うじうじ　していると、いのちがないぞ。この　大岩《おおいわ》が　見えないか。」

「ふん。そんなものが　こわいものか。」

たけみかずちの神《かみ》は、せせらわらって、その岩《いわ》をと《取》り、遠《とお》くへ　投《な》げとばしました。

「おもしろい。こんどは、うでずもうで　いこう。」

そういいながら、たけみかずちの　手をとって、思《おも》いっきり　強《つよ》く　にぎりつぶそうとしました。

ところが、おどろいたことに、たけみかずちの手は、たちまち、つめたい氷《こおり》に　なったのです。にぎりしめる手が、つめたくて、しびれそうです。

「なあに、負《ま》けてたまるか。」

たけみなかたは、うんすか　うんすか、うなりながら、なおも　ぎゅうぎゅう　しめつけました。すると、やけに　手がいたい《痛》のです。見ると、これはふしぎ！　氷《こおり》の手は、いつのまにか　つるぎ《剣》になっています。もっと　力をいれたら、手が　切《き》れるでしょう。

「あっ。」

あわてて　手をはなしました。

「わっはっは。どうした。こんどは、わたしの　ばんだぞ。」

たけみかずちは、いうが早いか、たけみなかたの手を、さっと　つかみました。その力の強《つよ》いこと。つかまれた　たけみなかたの手は、草《くさ》のくきのように、くにゃくにゃに　なりました。とても　かないません。

「いたいっ。はなしてくれ。」

つかまれた手を　ふりはなして、たけみなかたは、大岩《おおいわ》がころがるように　逃《に》げ出《だ》しました。

「待《ま》てっ。だまって　行《い》くやつがあるか。この国《くに》を　かえすかどうか。まてえ。」

ふたりの神《かみ》は、追《お》いかけました。たけみなかたは、つかまっては　たいへんと、山こえ、川こえ、どんどこ　どんどこ、逃《に》げましたが、とうとう、しなのの国《くに》の　すわ湖《こ》のほとりで　つかまってしまいました。

「おそれいりました。もう　逃《に》げません。おゆるし《許》ください。」

「この国《くに》を　かえすか、どうか。」

「ええ、ええ。おかえしいたします。これからは、けっして、手むかい　いたしません。」

たけみなかたの神《かみ》が、やくそくしましたので、ふたりの神《かみ》は、おおくにぬしのみことのところに　もどってきました。

「むすこが　ふたりとも、ごめいれいに　したがいましたから、わたしも、そのとおりにいたしましょう。この国《くに》は、おおみ神《かみ》に　さしあげましょう。」

おおくにぬしのみことは、そうこたえました。そして、たぎしのはまの　あたらしいごてんに　とじこもりました。

なさけぶかい　みことをしたう　この国《くに》の人々は、いま《今》も、いずも大社《たいしゃ》に　みことをおまつりしています。

りっぱに、お使《つか》いの　役目《やくめ》をはたした　ふたりの神《かみ》は、勇《いさ》んで、高天《たかま》の原《はら》に　帰《かえ》りました。やがて、高天《たかま》の原《はら》から、おおみ神《かみ》の　おまご《孫》の　ににぎのみことが、この国《くに》をおさめるために、九州《きゅうしゅう》の　高千《たかち》穂《ほ》のみねに、おりてこられました。ににぎのみことの　み子《こ》として、ほでりのみこと　と、ほおりのみことが　生《う》まれました。

海《うみ》さちひこ　山《やま》さちひこ

とりかえっこ

ほでりのみことは、つりの　じょうずな神《かみ》でした。まいにち《毎日》、海《うみ》へ行《い》って、大きな魚《うお》や小さな魚《うお》を、びくから　あふれて　はねおどるほど、たくさん　つって帰《かえ》りました。そこで、人々は、みことを「海《うみ》さちひこ」と、よびました。海《うみ》のさいわい多《おお》い男と　いういみです。

海《うみ》さちひこの　弟《おとうと》の、ほおりのみことは、かりの　すきな神《かみ》でした。兄《にい》さんとははんたいに、山へ　かりに　出《で》かけました。にげ足の早い　けだものも、空を飛《と》ぶ鳥《とり》も、たちまち　みことの　矢《や》さきに　あたりました。夕方《ゆうがた》には、えものをかついで、口ぶえをふ《吹》きながら、まいにち、山からもどるのです。みことのことを　人々は、「山さちひこ」と、よびました。山のさいわい多《おお》い男と　いういみです。
海《うみ》さちひこは　海《うな》ばらへ。山さちひこは　山の中《なか》へ、まいにちを平和《へいわ》にくらしておりました。

ある日、山さちひこが　いいました。

「兄《にい》さん、おねが《願》いが　あるのです。とりかえっこ　してください。」

「なにを　とりかえっこ　するのだね。」

「わたしの　弓矢《ゆみや》と、兄《にい》さんの　つりざおとを、とりかえっこ　しませんか。わたしは　一度《ど》、海《うみ》へ行《い》ってみたいのです。海《うみ》で、兄《にい》さんのように、大きな魚《うお》を　つってみたくてなりません。」

兄《にい》さんは、だまって　うで《腕》ぐみするばかりです。

「ね、いいでしょう。わたしは　まいにち、山ばかり　行《い》くのに、あきました。兄《にい》さんも、波《なみ》ばかり見ているの、あきたでしょう。だから、とりかえっこ　しましょうよ。」

「だがな、なれないことは、きっと、うまく　いかないぞ。」

兄《にい》さんは、気《き》が　すすみません。それでも、弟《おとうと》は　ねっしん《熱心》に　たのみます。

「一日だけで　いいのです。一日すぎたら、つりざおは　かならず、兄《にい》さんに　かえします。たった　一日だけ、この　弓矢《ゆみや》と、とりかえっこしてください。」

海《うみ》さちひこも、心《こころ》のすみで　思《おも》いました。たまには、山も　いいだろう。山の上は、見はらしも　いいだろう。一日　行《い》って、見てこよう。そこで　ようやく　心《こころ》をきめて、とりかえっこすることに　なりました。

「兄《にい》さん、どうも、ありがとう。」

山さちひこは、大はしゃぎです。

「一日だけだぜ。いいな、おれの　だいじな　つりざおだ。よく、気《き》をつけるんだぞ。つりばり　なくさないように。よく、よく、気《き》をつけるんだぞ。」

海《うみ》さちひこは、心配《しんぱい》らしく　いいました。

つりばり　千本

あくる日、ふたりは　出かけました。海《うみ》さちひこは、弓矢《ゆみや》をさげて　山のなかへ。つりざお　かついだ　山さちひこは、青い海《うみ》べに、やってきました。

山さちひこは、うちょうてんです。はじめて　つりをするのです。どんな　魚《うお》が　つれるかしら。でっかい　たいをつりあげて、兄《にい》さんの、おったまげる顔《かお》が見てみたいな。海《うみ》べの　岩《いわ》から、山さちひこは、いきおいよく　つり糸《いと》を投《な》げました。

空は晴《は》れて、よい天気《てんき》です。青く広《ひろ》がる海《うみ》の上で　とんびが　ぴいひょろ、大きくわをかいています。

〈海《うみ》は、広《ひろ》くて　気持《きも》ちいいなあ。この海《うみ》のなかには、どれくらい　魚《うお》が　いるのだろう。早く、でっかいのが　つれるといいな〉

山さちひこが、いい気《き》になっているうちに、つりばりの　えさは、なくなっていました。

〈これは　しまった。こんどは、よく　気《き》をつけていよう〉

こんどは、あわてて　つり糸《いと》を引《ひ》いたので、魚《うお》は　逃《に》げてしまいました。

〈魚《うお》つりは、むずかしいもんだな。なかなか、うまくいかないぞ〉

ほんとに　なれない魚《うお》つりは、むずかしいものです。お昼《ひる》は、とっくにすぎ、もう夕日《ゆうひ》が、水平線《すいへいせん》に近《ちか》づいて、波《なみ》が　金色《きんいろ》に　ゆれはじめたのに、まだ、一ぴきも　つれません。山さちひこは、あせっていました。

そのとき、ぐぐっと、手ごたえがあって、つり糸《いと》が　びびーんと、引《ひ》っぱられました。

〈おっ、やったぞ。でっかいのが　かかったらしい〉

ぱっと、つりざおを　はね上げました。

きゅうに、はね上げたのが　いけなかったのです。ぷつん、糸《いと》が切《き》れました。夕日《ゆうひ》のきらめく水面《すいめん》に、ばしゃり　と、しぶきをあげて、大きな魚《うお》が、すうっ　と、きえました。広《ひろ》い広《ひろ》い　海《うみ》の底《そこ》へ、泳《およ》いで　逃《に》げてしまいました。

山さちひこが　つり糸《いと》を　しらべてみると、さあ　たいへん。つりばりが　ありません。あわてて　海《うみ》を見ましたが、魚《うお》は　どこにも見えません。もう　暮《く》れかけた海面《かいめん》には、ひたひた、波《なみ》の音が　するばかりです。

はりをとられた　つりざおをかついで、山さちひこは、しょんぼり　ぼそり、帰《かえ》ってきました。

海《うみ》さちひこも、もう　とっくに　山から帰《かえ》り、しょぼくれていました。かりをした

ことのない　海《うみ》さちひこには、うさぎ一ぴき、とることが　できませんでした。矢《や》が　ちっとも　あたらないのです。かりは、もう　こりごりだと、ふくれっつらしていいました。

「やっぱり、なれないことは　だめなんだ。一日《にち》じゅう、山をかけずりまわって、へなへなに　くたびれた。さあ、この弓矢《ゆみや》は　かえすぞ。」

山さちひこは、つりざおをかえしながら　あやまりました。

「兄《にい》さん、すみません。つりばりを　なくしてしまいました。」

「なにっ、つりばりを　なくしたんだって。」

「どうか、ゆるして《許》ください。」

「だめだめ。つりばりがないと、あしたから、つりができないではないか。つりばりをかえせ。」

兄《にい》さんは、すっかり　はらをたててしまいました。山さちひこが、どんなに　わびても、ゆるして《許》くれません。

「つりばりを　かえせ。つりばりがないと、つりができない。」

と、いうだけです。しまいには、ぷいと、横《よこ》を向《む》いて、返事《へんじ》もしてくれません。

〈もともと、わたしが　悪《わる》かったんだ。兄《にい》さんが、あんなに　いやがるのに、とりかえっこしたのが、いけなかったんだ〉

山さちひこは、こしの　腰　つるぎをはずして、かじやに　行《い》きました。だいじな　つるぎですが、それで　つりばりを作《つく》ってもらおうと、思《おも》ったのです。

とってん、とってん、とってんかん。

やがて、つるぎは、五百本のつりばりに　なりました。

「兄《にい》さん、この五百本のつりばりを　あげますから、ゆるしてください。」

山さちひこは、五百本のつりばりを　兄《にい》さんの前《まえ》に　ならべました。兄《にい》さんは、じろりと、それを見ただけで、どなりちらしました。

「だめだ。だめだ。こんなつりばり、役《やく》にたつものか。もとの　つりばりをかえせ。」

山さちひこは、こんどは　千本の　つりばりを　持《も》ってきました。

「このなかに、役《やく》にたつのが　ありませんか。」

「こんなつりばり、千本だろうと、万本だろうと、おれは　いらない。おれは、あのつりばりでなければ　いやだ。もとの　つりばりを　さがしてこいっ。」

兄《にい》さんは、千本のつりばりを　けちらしてしまいました。

山さちひこは、とほうにくれて、海《うみ》べにきました。きょうも、海《うみ》は、あおあおと広《ひろ》がって、波《なみ》が　きらきら　光《ひか》っています。

あの　魚《うお》は、どこへ　行《い》ったのだ。

あの　つりばりを　かえしておくれ。

兄《にい》さんの　つりばり　かえしておくれ。

山さちひこは、そこで　な《泣》いていました。

めなしかごの　小舟《こぶね》

いつ、あらわれたのか、白いひげの　しおつちの神《かみ》が、な《泣》いている　山さちひこのそばにきて、たずねました。しおつちの神《かみ》は、海《うみ》のもの知《し》りじいさんです。

「あなたは、天《あま》つ神《かみ》のみ子《こ》、山さちひこでございましょう。なぜ、そのように、おなきなさるのじゃ。」

山さちひこは、とりかえっこのことを、すっかり話《はな》しました。

「あの魚《うお》は、どこへ行《い》ったのでしょう。わたしは、どうしても、兄《にい》さんのつりばりをとりかえさねば、なりません。」

「千本のつりばりでも　ゆ《許》るしてくれない兄《にい》さんは、これは　ちと、ごうじょうすぎますなあ。よござんす。わたしが、お手だすけ《助》して　しんぜましょう。」

おじいさんは、そういって、竹《たけ》で、こまかく、こまかく、きっちりあんだ　小舟《こぶね》を作《つく》ってくれました。

「これは、めなしかごの小舟《こぶね》　ともうしてな、ぜったいに、水のもらない、竹《たけ》かごの舟《ふね》です。さ、さ、このめなしかごに　乗《の》りなされ。」

「これに乗《の》って、どこへ　行《い》くのですか。」

「りゅうぐうへ　おいでませ。あなたの　つりばりを　とった魚《うお》は、りゅうぐうへおいでなされば、すぐに　わかりましょう。この　めなしかごに乗《の》り、しおの流《なが》れにまかせて、ずずんと　おいでなされば、やがてのことに、りゅうぐうに　おつきなされましょう。りゅうぐうの　門《もん》の前《まえ》に　井戸《いど》がござって、井戸《いど》のそばに　大きな　かつらの木が一本、ござります。その木にのぼって　おまち《待》あれ。すれば、りゅう王《おう》（海《うみ》の神《かみ》）が、いいぐあいに　してくだされましょう。さ、およろしいかな。舟《ふね》をおし出《だ》しますぞ。」

おじいさんは、山さちひこの乗《の》った　めなしかごの小舟《こぶね》を、いきおいよく　おし出《だ》してくれました。

しおの流《なが》れに引《ひ》かれて、小舟《こぶね》は、ゆらゆら　ずんずん、流《なが》れて行《い》きました。遠《とお》い遠《とお》い、海《うみ》のむこうへ、ゆらゆら　ずんずん、流《なが》れて行《い》きました。

水にうつった　神《かみ》さま

りゅうぐうに　ついてみると、しおつちのおじいさんがいったとおり、門《もん》の前《まえ》に井《い》戸《ど》があって、そのそばに　かつらの大木《たいぼく》がありました。山さちひこは、その木にのぼって、まっていました。

まもなく、りゅうぐうの　門《もん》が開《ひら》いて、ひとりのめしつかいの少女《しょうじょ》が　出《で》てきました。水をくみにきたのでしょう。大きな水がめを　持《も》っています。めしつかいは、水をくもうとして、おどろきました。井戸《いど》の水に、わかい　りっぱな　男の神《かみ》さまが、うつっていたのです。

「あっ。」めしつかいは、かつらの木の　山さちひこを　見つけました。

「おどろかせて　すみません。水を　一ぱい、いただけませんか。」

木からおりてきて、山さちひこは、ていねいに　たのみました。

「はい。ただいま。」

めしつかいは、きれいなおわんに、水をくんで　さしあげました。山さちひこは、水を飲《の》むふりをして、いそいで、首《くび》かざりの玉《たま》を　一つ、おわんのなかに入れて　かえしました。

めしつかいは、その玉《たま》を　と《取》ろうとしましたが、玉《たま》は、おわんの底《そこ》に　ぴったりとくっついて、どうしても　とれません。びっくりした、めしつかいは、あわてて　門《もん》のなかに　かけこみました。

「おひめさま、たいへんです。この玉《たま》が　どうしても　とれません。」

りゅう王《おう》の　むすめの　とよたまひめに、めしつかいは、わけを話《はな》しました。ひめも、門《もん》から出《で》て、山さちひこを　ごらんになり、いそいで、お父《とう》さまの　りゅう王《おう》に知《し》らせました。

「お父《とう》さま、たいへんでございます。門《もん》の外《そと》に、りっぱな神《かみ》さまが　いらっしゃいます。それは　それは、ごりっぱな　わかい神《かみ》さまです。」

りゅう王《おう》も、門《もん》の外《そと》に　出《で》て見ました。

「ああ、あなたは、天《あま》つ神《かみ》のみ子《こ》、山さちひこで　ございますね。よく　おいでくださいました。さ、どうぞ、こちらへ　おはいりください。」

りゅう王《おう》は、山さちひこを　ごてんのおくへ　あんない《案内》して、

「このかたは、大空《おおぞら》から　いらっしゃった　とうとい神《かみ》さまですよ。さあ、みんなで　せいいっぱい、おもてなし　しなさい。」

と、おふれを　出《だ》しました。

金《きん》　銀《ぎん》　さんごが　かがやくごてんでの、楽《たの》しいまいにち《毎日》でした。あまり　楽《たの》しいので、山さちひこは、つりばりのこともわすれて、三年のあいだ、りゅうぐうで　くらしました。

みつかった　つりばり

ある日、山さちひこは、「おほっ」と、大きな　ためいきをつきました。とよたまひめは、その　ためいきを聞《き》いて、むね《胸》が　せつなく　なりました。そして、りゅう王《おう》に　いいました。

「お父《とう》さま、みことが　大きなためいきをなさいました。もう、わたしたちとの　くらしが、おいやになったのでしょうか。」

そこで、りゅう王《おう》は、山さちひこに　たずねました。

「なにか、ご心配《しんぱい》ごとでも　ございますか。どうぞ、おっしゃってください。お力ぞえ、いたしましょう。」

「ええ、わたしは、兄《にい》さんの　つりばりをさがさねばなりません。三年まえ、大きな魚《うお》に　とられた　つりばりです。」

山さちひこが　わけを話《はな》しますと、りゅう王《おう》は、すぐに、魚《うお》たちを　みんな　ごてんによび集《あつ》めました。

「おまえたちのなかに、みことの　つりばりをとったものが、いるだろう。さあ、だれだ。ここにきなさい。」

「わたくしでは、ありません。」

「わたくしも、ぞんじません。」

かれいも、たこも、さばも、かつおも、みんな「ちがいます。」と、いいました。

すると、ひらめが、ひらひら　進《すす》み出《で》ていいました。

「たいの　赤女《あかめ》が、ずっと前《まえ》から、のどがいたいと、いっております。赤女《あかめ》が　とったのかもしれません。」

「赤女《あかめ》、ここへ　おいで。」

たいの　赤女《あかめ》が、おそるおそる、前《まえ》に進《すす》み出《で》ました。

「口を　開《あ》けてごらん。」

たいは、ぱっくりと、大口《おおぐち》を開《あ》けました。

「あった。あった。」

たいの　のどに、つりばりが　ひっかかってありました。たしかに、山さちひこが　とられたつりばりでした。たいは、顔《かお》も　からだ《体》も　赤くなって、はずかしそうにしています。

「ありがとうございました。では、さっそく、このはりを　兄《にい》さんにかえしに　もどります。」

はずんだ声《こえ》の　山さちひこを見ながら、ひめは、とっても　さびしそうでした。

りゅう王《おう》が　いいました。

「いじ悪《わる》な兄《にい》さんに、つりばりをかえすときは『さびばり　ばかばり　びんぼうばり』といって、うしろむき《向》に　わたしなさい。」

「え、『さびばり　ばかばり　びんぼうばり』というのですか。」

「そうです。そして、うしろむきに　わたすのですよ。それから、兄《にい》さんが　高《たか》いと

ころの田を　つくるときは、あなたは、はんたいに　低《ひく》い田を　つくりなさい。兄《にい》さんが、低《ひく》い田を　つくったら、あなたは、高《たか》いところの田を　つくりなさい。世界《せかい》じゅうの水は、みんな　わたしの自《じ》由《ゆう》になりますから、あなたの田にだけ、水をまわしてあげましょう。三年たつうちに、兄《にい》さんは、びんぼうになって、こまりましょう。兄《にい》さんが、こまって、いじ悪《わる》を　しにきたら、この玉《たま》で、兄《にい》さんを　すこし　こらしめてあげなさい。」

と　いって、りゅう王《おう》は、赤と白の　二つの玉《たま》を　くれました。

「これは、しおみつ玉《たま》、しおひる玉《たま》という、たから《宝》の玉《たま》です。兄《にい》さんが、せめよせて来《き》たら、この しおみつ玉《たま》を むけ《向》なさい。すると、この玉《たま》から、水が あふれ出《で》て、兄《にい》さんは、おぼれるでしょう。兄《にい》さんが『たすけ《助》てくれ』と いったら、この しおひる玉《たま》を むけなさい。水は、すぐに なくなります。こうして、すこし こらしめないと、兄《にい》さんの いじ悪《わる》な心《こころ》は、なおらないでしょう。」

りゅう王《おう》は、玉《たま》の 使《つか》いかたを、くわしく 教《おし》えてくれました。

「ありがとうございます。おっしゃるとおりに いたします。」

いよいよ、おわかれです。ひめは、かなしさを じっと こらえておりました。

りゅう王《おう》が えらんでくれた ひとひろざめの せ《背》に乗《の》って、山さちひこは、一日で もとの海《うみ》べに 帰《かえ》りつきました。

「ごくろうさま。お礼《れい》に、これをあげよう。」

山さちひこは、玉《たま》かざりのついた 小さな刀《かたな》を、さめの首《くび》に むすんでやりました。

さめは、小刀《こがたな》の首《くび》かざりを、きらきら 光《ひか》らせながら、波間《なみま》にきえてゆきました。

しおみつ玉《たま》　しおひる玉《たま》

山さちひこは、すぐに、兄《にい》さんのところへ行《い》って、つりばりをかえしました。りゅう王《おう》の　教《おし》えてくれたとおり、うしろむき《向》になって、「さびばり　ばかばり　びんぼうばり。」といいながら　わたしました。兄《にい》さんは、へんな顔《かお》をしましたが、そのわけは　知《し》りません。

兄《にい》さんは、さっそく、つりに　出《で》かけました。ところが、どうでしょう。魚《うお》が　一ぴきも　つれないのです。「海《うみ》さちひこ」と　いわれるほどの　つりのじょうずな兄《にい》さんなのに、ほんとに　ふしぎなことでした。兄《にい》さんは、がっかり、つりをやめました。

兄《にい》さんは、高《たか》いところに　田を　つくりました。山さちひこは、低《ひく》い田んぼをつくりました。山さちひこの　低《ひく》い田んぼには、水が　なみなみ　波《なみ》だっているのに、兄《にい》さんの田は、からからかんに　ひっかわいて、いね《稲》は　ちっとも　実《みの》りません。つんつん　ほ先《さき》が　立っています。

「田んぼを　とりかえっこ　してみよう。」

兄《にい》さんは、こういって、低《ひく》い田を　つくることにしました。山さちひこは、高《たか》い田んぼを　つくります。

ところが、まあ、どうなっているの。こんどは、高《たか》い田に　ゆらゆら　水が　ゆれているのに、兄《にい》さんの低《ひく》い田は、かわいて　びりびり、ひびわれ田んぼ。いねは　みんな　かれてしまいました。

「おまえが　なにか、いたずらしているのだろう。もう一度《ど》、田んぼを　とりかえろ。」

兄《にい》さんは、こう　わめきちらして、また、田んぼを　とりかえました。

ところが、三年めも　やっぱり　おなじこと。兄《にい》さんの田からは、お米《こめ》が　一つぶも　とれません。兄《にい》さんは、すっかり　びんぼうになって　しまいました。

「みんな、おまえのせいに　ちがいない。もう、かんべんできない。」

兄《にい》さんは、大ぜいの　けらいをつれて　せめよせてきました。みんな　ぎらりぎらり　つるぎを　ふりまわしています。

山さちひこは、いそいで　しおみつ玉《たま》をむ《向》けました。ざざん　ざあざあ　ふき出《で》る水が、兄《にい》さんたちに　おそいかかりました。兄《にい》さんたちは、おどろいて、山の上に逃《に》げました。けれども、水は　ざんぶざんぶ　あふれて、山の上まで　水びたしになりました。

兄《にい》さんは、あわてて　木にのぼ《登》りました。それでも　水は　ざかざか　ふえて、その木も　ずっぷり　水のなか。「あっぷあっぷ」兄《にい》さんは、いま《今》にも　おぼれそうです。

「たす《助》けてくれい。たすけてくれい。」

兄《にい》さんは、ひめいをあげました。山さちひこが、しおひる玉《たま》を　さしむけると、大《おお》水《みず》は、あっ　というまに、なくなりました。

「ありがとう。たすけてくれて、ありがとう。」

兄《にい》さんは、青い顔《かお》して　いいました。

「わたしが　ほんとに　悪《わる》かった。もう　いじ悪《わる》なんか　いわないで、おまえのためにつくすから、むかしのことは　わすれておくれ。」

兄《にい》さんは、すっかり　おとなしくなりました。

やがて、りゅうぐうから、とよたまひめが　おいでになって、山さちひこの　およめさんになりました。そして、りっぱな　み子《こ》がうまれました。また、その　み子《こ》のみ子《こ》、山さちひこの　かわいいまご《孫》が、いわれひこのみこと　です。のちに、神《じん》武《む》天《てん》皇《のう》と　いわれます。

金《きん》のとび

東《ひがし》の国《くに》へ

山さちひこのおまご《孫》の　いわれひこのみことは、はじめ、九州《きゅうしゅう》の　たかちほの宮《みや》で、国《くに》をおさめて　おられましたが、ここは、中《なか》つ国《くに》（日本）の西《にし》に　かたよりすぎていると、気《き》づかれました。

「中《なか》つ国《くに》をおさめるのに、もっとよいところは　ないでしょうか。どこが　一ばんよいでしょうか。」

みことは、兄《にい》さんの　いつせのみことに　そうだん《相談》されました。

「もっと、東《ひがし》の国《くに》へ行《い》って　おさめるのがよいでしょう。」

そこで、みことは、ぐんぜい《軍勢》を　のこらずつれ、舟《ふね》に乗《の》って　出《で》かけました。

東《ひがし》へ　東《ひがし》へ。みことの舟《ふね》が　進《すす》んでいると、むこうから　かめ《亀》のせ《背》に　乗《の》った男が、魚《うお》を　つりながら来《く》るのに　出《で》あいました。

「おまえは　だれか。」

みことが　たずねました。

「わたくしは、うずひこという　海《うみ》の神《かみ》です。」

「それは、よいところで　出《で》あった。わたしたちは、東《ひがし》の国《くに》へ　行《い》くのだが、このあたりは　流《なが》れも　早いし、島《しま》も、多《おお》いので、舟《ふね》の進《すす》めかたが　わからず、こまっていたところだ。どうだろう、道《みち》あんない《案内》してくれるかね。」

「よろこ《喜》んで　いたしましょう。海《うみ》のことなら　わたくしは　なんでも　知《し》っております。」

うずひこは、みことの舟《ふね》に　乗《の》りこみました。

うずひこの　おかげで、どんなに　流《なが》れの早いところでも、あらいその　あぶないところでも、みことの舟《ふね》は、ぶじにとお《通》りぬけることが　できました。

やがて、「東《ひがし》の国《くに》の海《うみ》べ、かわち（大阪《おおさか》）」の白肩《しらかた》の入り江《え》に　つきました。
ところが、そこには、大和《やまと》の国《くに》（奈良県《ならけん》）のかしらになっていた　ながすねひこと
いう者《もの》が、大ぜいの　ぐんぜい《軍勢》をつれて　まち《待》かまえて　おりました。
みことのぐんぜいが、舟《ふね》から　おりようとすると、ながすねひこの　ぐんぜいは
一度《ど》に　どっと　矢《や》をいかけました。びゅーん　びゅーん。おそろしい音をたてて、
秋《あき》の野《の》の　すすきが　なびくように、数知《かずし》れぬ矢《や》が、飛《と》んできます。
みことのぐんぜいは、たてを出《だ》して　はげしい矢《や》を　ふせぎながら進《すす》もうとします
が、なかなか　進《すす》めません。
そのうちに、ながすねひこの　するどい矢《や》が、いつせのみことの　うで《腕》に　あたり
ました。
いつせのみことは、きずぐちを　おさえて、いいました。
「わたしたちは　日《ひ》の神《かみ》の子《こ》だのに、西《にし》から東《ひがし》へ、日にむ《向》かって　せめかかったのが
まちがいだった。だから、いやしい者《もの》の矢《や》に　あたったのだ。ここから　もっと、東《ひがし》

の方《ほう》へ、遠《とお》まわりして　日の光《ひか》りを　背《せ》にして　たたかおう。」

そこで、みことは　ぐんぜいを　とりまとめて　舟《ふね》に乗《の》せ、いそいで海《うみ》へ　こぎ出《だ》させました。そして、ながすねひこたちの　東《ひがし》がわへ　まわるため、ふたたび、東《ひがし》へ東《ひがし》へと、舟《ふね》を　進《すす》めました。

その　とちゅう、いつせのみことのきずは　だんだん　ひどくなりました。血《ち》がたえまなく　流《なが》れ出《で》て、あたりの海《うみ》が　まっかに　そまりました。いつせのみことは、歯《は》を　くいしばり、きずのいたみを　じっと　こらえて　いましたが、とうとう、

「ああ、くやしい。日《ひ》のみ子《こ》といわれるわたしが、いやしい者《もの》の　矢《や》きずを受《う》けて死《し》ぬことは！」

大声《おおごえ》に　さけんだまま、はたと、息《いき》が　たえました。

神々《かみがみ》のたすけ

たったひとりの　兄《にい》さんをうしなった　かなしみをのせて、みことの舟《ふね》は、ようやく、くまの《熊野》の海岸《かいがん》にたどりつきました。

みことのぐんぜい《軍勢》が　舟《ふね》からおりて　進《すす》みかけると、川からのぼる　きりのなかから、ぬわあーと、一ぴきの　大くま《熊》が　あらわれました。「あっ」と、みんなは、立ちどまりました。ふわわわー、大くまは、いやなにおいの　いき《息》を　ふき《吹》かけると、すーっと　見えなくなりました。

「ああ、気《き》ぶんが　悪《わる》い。」

「頭《あたま》が　いたい。目が　まわる。」

みんな　そういいながら、ばたりばたりと　たおれてしまいました。みことも　気《き》が　とおくなって　たおれました。

そこへ、ひとふりの　りっぱな　つるぎ《剣》を持《も》って、かけつけた者《もの》がありました。その者《もの》が　つるぎを　みことに　さし出《だ》しますと、ふしぎなことに、みことは　ふっと目をさまして、

「おや、わたしは　ずいぶん　ねぼうをしたようだ。」

と　いって、元気《げんき》よく　立ちあがりました。

みことは、つるぎを　ささげている者《もの》を　ふしぎそうに見て、たずねました。

「おまえは　だれか。これは　いったい　どうしたわけか。」

その者《もの》は　ていねいに　おじぎをして　こたえました。

「わたくしは　くまの《熊野》の　たかくらじと　もうす者《もの》です。じつは、ゆうべ　ふしぎなゆめ《夢》を　見ました。ゆめのなかに　天《あま》てらすおおみ神《かみ》があらわれまして、『日《ひ》のみ子《こ》がいま　悪者《わるもの》のために　たいへん　くるしいめ《苦》に　あっている。おまえ、早く　いって、おたすけ《助》しなさい。』と、おっしゃいますので、『どうすれば　おたすけできますか。』と　たずねますと、『この　たから《宝》のつるぎを、おまえの　くら《倉》の屋根《やね》を　つ

きとおして　おと《落》すから、夜《よ》が明《あ》けたら　すぐに、日《ひ》のみ子《こ》に　さしあげなさい。』
と教《おし》えてくださいました。目がさめて、くらへ　行《い》ってみますと、ゆめ《夢》に見たとおりの　つるぎ《剣》がありましたので、いそいで　さしあげに　まいったのです。」

「ああ、ありがたいこと。天《あま》つ神《かみ》が　おまもりくださる。」

みことは　大よろこ《喜》びで　たから《宝》のつるぎを受《う》けとりました。すると、たおれていた　ぐんぜい《軍勢》も　くま《熊》のどくから　目ざめて、すっく、すっくと　立ちあがりました。

みことは、たからのつるぎの力で、さっきの　大くま《熊》や　そのあたりの　悪者《わるもの》どもを　うちほろぼすことが　できました。

みことは　そこから　山をこえて、ながすねひこのいる　大和《やまと》へ、せめこむのがよいと、思《おも》いながらも、山は　けわしく、道《みち》は　なく、こまっていました。

そのとき、どこからか　一わの　大がらすが　飛《と》んできて　こう　名のりました。

「日《ひ》の子《こ》よ、わたくしは　天《あま》つ神《かみ》から　つかわされた　やたのからすでございます。
わたくしが　道《みち》あんない《案内》　いたしましょう。」

みことのぐんぜい《軍勢》は、空を飛《と》ぶ　やたのからすの　あとについて、けわしい　山々をこえ、吉野《よしの》川《がわ》のほとりへ　出《で》ました。

川で　りょうをしていた人々が、どっさりくれた　魚《うお》のごちそうで、みことのぐんぜいは元気《げんき》百ばい。

しばらく　進《すす》むと、ひかひか　光《ひか》る井戸《いど》から、しっぽのはえた　ふしぎな人が　あらわれて、

「わたくしは、井《い》ひか　という神《かみ》です。どうか　おともさせてください。」

と　たのみました。みことは　井《い》ひかを　おともにいれました。

つぎの山を　のぼって《登》いると、また　しっぽのはえた人が、大岩《おおいわ》を　おしわけて出《で》てきて、いいました。

「わたくしは、このあたりの神《かみ》で、岩《いわ》おしわけの子《こ》と、いいます。日《ひ》のみ子《こ》を　おま《待》ちして　いました。」

みことは、岩《いわ》おしわけの子《こ》も　おともにして、ずんずか、ずんずか、進《すす》んでいきま

した。
道《みち》のない　けわしいところも、やたのからすや　しっぽのはえた神《かみ》たちの　あんないで、ぶじに　とおりぬけ、やがて、大和《やまと》のうだ（宇陀《うだ》）に　つきました。

えうかしの　悪《わる》だくみ

大和《やまと》の　うだ《宇陀》では、えうかし、おとうかし　という　兄弟《きょうだい》の者《もの》が、このあたりのかしらになって　おりました。

みことは、ふたりのところへ　やたのからすを　使《つか》いにやって、いい聞《き》かせました。

「日《ひ》のみ子《こ》が、悪者《わるもの》たいじに　いらっしゃったのだが、おまえたちは　けらいになるか　どうか。」

「なにを　なまいきな、大がらすめ。いころ《殺》してやるぞっ。」

えうかしは、弓《ゆみ》にかぶら矢《や》をつがえ、きりきりと　引《ひ》きしぼり、ひゅるんと、いは

なちました。おどろいた　おとうかしが、あわてて　兄《あに》のうで《腕》に　とりすがったので、手もとがくるい、矢《や》は　あたりませんでした。

「おやめなさい。日《ひ》のみ子《こ》の　お使《つか》いに　らんぼうしては　いけません。」

「だまれ。だまれ。みんな　うちころ《殺》してやるのだ。」

　えうかしは、いくさのしたくを　はじめました。ところが、どうしたことか、けらいが　思《おも》うように　集《あつ》まりません。

　えうかしは　くやしがって、

「よし。それなら　だましうちに　して

やろう。」

いそぎに　いそいで、あたらしいごてんを　建《た》てはじめました。そのごてんに　えうかしの悪《わる》だくみが　してあるのです。『おし』という　おそろしい　しかけが　あるのです。人がはいって、ゆかをふむと、〝ばね〟のように　はねかえり、たちまち、つぶされて　しまうのです。

「はっはっは。これなら　ばっさり、うまく　ゆくだろう。」

えうかしは、みことのところへ　使《つか》いをやって、もっともらしく　もうし上《あ》げさせました。

「今《いま》までのことは　お許《ゆる》しください。きょうから、心《こころ》をいれかえ、けらいになります。これまでの　おわびのしるしに、あたらしいごてんで、ごちそうしたいと思《おも》います。どうぞ、お休《やす》みに　おいでください。」

しかし、えうかしの　うその使《つか》いが来《く》る前《まえ》に、おとうかしが　兄《あに》の悪《わる》だくみをみことに　こっそり　知《し》らせてありました。みことは、知《し》らぬ顔《かお》して、

「よしよし。それなら　わたしの　りっぱなけらいを　さきに　行《い》かせよう。」
と　いって、みちのおみのみこと　と、くめのみこと　の　ふたりの大将《たいしょう》を　行《い》かせました。
ふたりの大将《たいしょう》は、ぎらり　つるぎをぬきはなち、弓《ゆみ》に　するどい矢《や》をつがえて、
「えうかし！　おまえの　あたらしいごてんは、たいそう　りっぱだそうだが、そこで　みことに、どんなごちそうを　するつもりか。おまえが　さきに　はいってみろ！」
と　しかりつけました。目のふちに　いれずみをした　くめのみことの　するどい目に　にらみつけられて、えうかしは　あわてて、そのごてんに　逃《に》げこみました。
ばたーん、ぎゃおう！　はげしい音と　ひめいが　聞《き》こえました。えうかしは　自《じ》分《ぶん》が　かかって　死《し》ぬために、自分《じぶん》で　しこしこ　しかけを作《つく》ったと、いえましょう。
うだのしろに　しぎわな　しかけ
えうかしが　待《ま》って　いたのに

しぎ鳥《どり》は　かかって　こずに
おおくじら　かかって　しまい
めちゃめちゃに　わなは　こわれた
あらら　おかしや
ははは　おかしや

くめのみことが　歌《うた》うと、みんなも　どっと　はやしたてました。

金《きん》のとび

みことのぐんぜい《軍勢》は、さらに、ずんずか　おし進《すす》んで、大和《やまと》の　おさか（忍坂《おさか》）まで　やってきました。
そこには　土ぐもやそたける　という、しっぽのはえた　おそろしい悪者《わるもの》が大ぜい、

岩《いわ》あなのなかに　かくれて、みことの　ぐんぜいを　みなごろし《殺》にしようと、まち《待》かまえて　おりました。

「すぐに、いくさをはじめて、あべこべに、みなごろしに　してやりましょう。」

みちのおみのみことは　つるぎ《剣》の　つかを　たたいて、勇《いさ》ましく　いいました。

「いや、こんな者《もの》を相手《あいて》に、いくさをはじめて、だいじな　けらいに、けがをさせては　ならない。よい　けいりゃくが　あるから、みんな　集《あつ》まれ。」

みことは　みんなに　けいりゃくを　さずけました。

たくさんの　ごちそうが　作《つく》られました。いやしい　土ぐもたちは、ごちそうと聞《き》いて、ぞろぞろ　集《あつ》まってきました。

「さあ、いくらでも　飲《の》みなさい。」

みことのけらいが、ひとりずつ　土ぐもについて、酒《さけ》を　すすめてやりました。土ぐもたちは、がぶら　がぶら　酒《さけ》を飲《の》み、よろよろに　よっぱらいました。

「すわ、いま《今》だ。うちとれ。」

みことが　あいずの歌《うた》をうたうと、酒《さけ》をついでやっていた　けらいたちが、いっせいに　ずらずら　つるぎをぬいて、土ぐも　のこらず、切《き》りふせました。

これで、東《ひがし》の国《くに》の　悪者《わるもの》どもも、ほとんど　いなくなりました。けれども、いちばん手ごわい、あの　ながすねひこが、大和《やまと》の　まんなかで　まだ、がんばっています。

みことのぐんぜい《軍勢》は、休《やす》むま《間》もなく、さらに、進《すす》んで行《い》きました。

くる《苦》しいことが、たくさん、ありました。食《た》べ物《もの》がなくて、みんな　うえ死《じ》にしそうに　なりました。そのとき、みことが　歌《うた》をうたうと、川で、うの鳥《とり》を使《つか》って、りょうをしていた人たちが、たくさんの魚《うお》を　持《も》ってきて、たす《助》けてくれたことも　ありました。

みんな　つかれて、けわしい山道《やまみち》にくる《苦》しんでいるとき、みことは　また　歌《うた》をうたって　はげましました。

勇《いさ》ましい　くめ《久米》の　兵士《へいし》よ

かきねの　さんしょ　食《た》べれば
ひりひりと　口にひびくよ
ひりひりと　わすれられない
兄《にい》さんを　うたれたかなしさ
いつまでも　わすれられない
あの　にくい　ながすねひこを
あわ畑《はた》の　草《くさ》　ぬくように
根《ね》こそぎに　ほろぼすまでは
くやしさが　わすれられない
勇《いさ》ましい　くめの　兵士《へいし》よ

これを　くめ《久米》歌《うた》といいます。この歌《うた》を聞《き》くと、みことのぐんぜいは　また　元気《げんき》を出《だ》して　進《すす》みました。

いよいよ、ながすねひことの　たたかいが、はじまりました。ながすねひこのぐんぜい《軍勢》が、するどい矢《や》を　雨のふるように、すきまなく　いかけて、はげしく　せめよせてきました。勇《いさ》ましい　みことの　けらいたちが、つぎつぎに　たおされて、みことのぐんぜいは、いま《今》にも　負《ま》けそうに　なりました。

そのとき、ふしぎなことが　おこりました。いままで　晴《は》れていた空が、きゅうに　暗《くら》くなったと見るま《間》に、小石《こいし》を投《な》げつけるような　はげしい　ひょうが、ながすねひこの　ぐんぜい《軍勢》めがけて、ざんばら　ばらばら　ふりそそぎました。ながすねひこの　ぐんぜいは、大さわぎです。

そして、もっと　ふしぎなことに、天《てん》から　一わの　金《きん》のとびが　飛《と》んできて、みことの　弓《ゆ》はず（弓《ゆみ》の先《さき》）にとまりました。金《きん》のとびは、かがやく太陽《たいよう》のように、ぎらら　ぎらら、まぶしく　光《ひか》っているので、ながすねひこの　ぐんぜいは、弓《ゆみ》をいるどころか、目をあけて　見ることもできず、うろうろ　うろたえるばかりでした。

「さあ、このまに　うちとってしまえ。」

「おうっ！」「おうっ！」

みことのぐんぜい《軍勢》は、ときの声《こえ》をあげて、はげしく　せめかかりましたから、たまりません。ながすねひこの　ぐんぜいは、さんざんに　うちやぶられ、風《かぜ》にふ《吹》かれた木《こ》の葉《は》のように、ちりちり　ちって、きえました。

それまで、ながすねひこの　みかたになっていた　にぎはやひのみことが、ながすねひこの　首《くび》をとって、みことのところへ　おわびに　きました。

「わたしも　天《あま》つ神《かみ》の　子孫《しそん》です。ながすねひこの　妹《いもうと》をつまにしていますので、しかたなく、みかたをして　おりました。日《ひ》のみ子《こ》の　ごめいれいを　きくよう、ながすねひこに　いいきかせましたが、いくらいっても　きかないので、ついに　うちとって　まいりました。これまでのことは、どうか、おゆる《許》しください。」

みことは　にぎはやひのみことを　ゆるしました。

長《なが》い長《なが》い、つらい　たたかいが　おわりました。やっと、しずかになりました。中《なか》つ国《くに》も、平和《へいわ》の春《はる》を　むかえたのです。

みことは、大和《やまと》のかしはらの宮《みや》で、天《あま》つ神《かみ》を　お祭《まつ》りして、これまでの　お礼《れい》をもうし上《あ》げました。

そして、そこで、中《なか》つ国《くに》を　おさめました。

この　みことが、のちに、神武《じんむ》天皇《てんのう》と　いわれるかたです。


――おわり――

□ 著者

平山忠義（ひらやま・ただよし）
元玉川学園中学部長・玉川学園女子短期大学講師・「短歌生活」同人。
放送童話の創作，『詩の授業』の執筆などにあたった。

玉川学園こどもの本
日本の神話　　編集　株式会社 童夢

2003年９月10日　第１刷
2013年10月１日　第４刷

著　者　平　山　忠　義
発行者　小　原　芳　明
発行所　玉川大学出版部
〒194-8610　東京都町田市玉川学園6-1-1
TEL 042-739-8935　　FAX 042-739-8940
http://tamagawa.hondana.jp/
振替　00180-7-26665

NDC 913　　印刷所　日新印刷株式会社

ISBN978－4－472－90503－2　C8093